Mahlzeit, Kinder!

Ernährungstipps und Rezepte
für eilige Eltern

Das Autorenteam: **Das Autorenteam: Iris Schürmann-Möck, geb. 1947, lebt in Bornheim.** Sie ist Journalistin und Autorin.
Armin Radünz, geb. 1958, lebt in Bonn und ist Dipl.-Chemiker und Sachbuchautor.

Der Illustrator: **Wolf Erlbruch, geb. 1948,** lebt in Wuppertal und arbeitet als freier Grafiker und Kinderbuchautor. Er lehrt an der Fachhochschule Düsseldorf und an der Bergischen Universität Wuppertal. Seine zahlreich prämierten und in viele Sprachen übersetzten Kinderbücher, u. a. „Wer hat dem Maulwurf auf den Kopf gemacht?“ und „Ente, Tod und Tulpe“ werden gern von Jung und Alt gelesen.

4. Auflage in kompletter Überarbeitung, April 2010
31.-40. Tausend Exemplare

ISBN: 978-3-940580-33-7, Printed in Germany

Vorwort

Seit einiger Zeit ist das Thema Kinderernährung zur Chefsache geworden. Alarmiert durch immer neue Informationen über Fehlernährung und Übergewicht bei Kindern haben die Verantwortlichen in Bund und Ländern begonnen, gemeinsam mit vielen Aktionspartnern langfristigen Gesundheitsrisiken entgegenzuwirken. „IN FORM – Deutschlands Initiative für gesunde Ernährung und mehr Bewegung“ heißt der „Nationale Aktionsplan zur Prävention von Fehlernährung, Bewegungsmangel, Übergewicht und damit zusammenhängenden Krankheiten“.

Ein Schwerpunkt des Aktionsplans ist die Verbesserung der Außer-Haus-Verpflegung. Immer mehr Menschen essen mindestens einmal täglich auswärts. Durch den Ausbau der Ganztagsschulen in Deutschland sind von dieser Entwicklung vor allem die Kinder und die Lehrkräfte betroffen. Auch Kleinkinder werden seltener als noch vor wenigen Jahren ausschließlich am Familientisch versorgt. In den letzten Jahren hat sich das Angebot an Betreuungsplätzen in Kindertageseinrichtungen deutlich verbessert. Während im Jahr 2002 nach einer Untersuchung des Deutschen Jugendinstituts nur für 3 Prozent der Kinder unter 3 Jahren ein Platz zur Verfügung stand, können mittlerweile 18 Prozent der Kinder untergebracht werden. Bis zum Jahr 2013 soll das europäische Niveau von 33 Prozent erreicht werden.

Deshalb wird im Aktionsplan „IN FORM“ auf dem Gebiet der Kinderernährung großer Handlungsbedarf gesehen. Denn dass die Kinder außer Haus verpflegt werden, heißt ja nicht, dass sie auch gut verpflegt werden. Im Gegenteil: Laut „IN FORM“ entspricht das Verpflegungsangebot in Kindertageseinrichtungen und an Schulen „häufig nicht den Anforderungen an eine ausgewogene, die Gesundheit und Leistungsfähigkeit fördernde Ernährung“. Bemängelt wird vor allem, dass die besonderen Bedürfnisse von Kindern nicht berücksichtigt werden und die Mahlzeiten am Geschmack derjenigen, die für sie gedacht sind, vorbeigekocht werden.

Abhilfe schaffen soll unter anderem „FIT KID – Die Gesund-Essen-Aktion für Kitas“, die von der Deutschen Gesellschaft für Ernährung und den Verbraucherzentralen durchgeführt wird. Informationen für Eltern unter dem Motto „Richtig genießen“, konkrete Vorgaben für Essensanbieter, vor allem aber Fortbildung für Mitarbeiterinnen und Mitarbeiter von Kitas sollen nicht nur bewirken, dass das Verpflegungsangebot optimiert wird, sondern auch für Lust und Laune am Esstisch sorgen. Denn auch die Kinder werden mit einbezogen und ebenso spielerisch wie sinnlich zu Ernährungsprofis ausgebildet. Kitas, die diesen Anforderungen genügen, können sich positiv von der Konkurrenz abheben: Sie werden mit dem Qualitätssiegel „FIT-KID-Logo" ausgezeichnet. Für die Schulen wurden in allen Bundesländern die sogenannten „Vernetzungsstellen Schulverpflegung" eingerichtet (⇢ Seite 25).

Sowohl für Kitas als auch für Schulen wurden Standards entwickelt, mit deren Hilfe die Qualität des angebotenen Essens beurteilt und verglichen werden kann. Besonders an den Schulen haben sich darüber hinaus – angeregt durch die offiziellen Aktivitäten – zahlreiche Initiativen von Lehrkräften, Eltern und Schulkindern entwickelt, die zeigen, wie fantasievoll und kreativ der Weg zu gesünderem Essen sein kann.

Wie schön, könnte man sagen, da haben doch Eltern, die wenig Zeit haben, endlich eine Sorge weniger. Wenn es nur so wäre! Denn das ist nicht der Fall. Zum einen haben sich die Verhältnisse längst nicht überall gebessert. Noch immer ist die Ganztagsschule nicht die Regel und noch immer gibt es Regionen, in denen sich Eltern glücklich schätzen können, einen Platz in einer Kindertageseinrichtung zu finden.

Außerdem haben die Eltern durch die Zunahme der Außer-Haus-Verpflegung zunächst einmal größere Verantwortung. Nicht jede Einrichtung, die ein Mittagessen anbietet, beschäftigt Expertinnen und Experten, die die Qualität beurteilen können; Lehrkräfte müssen sich in ein völlig neues Gebiet einarbeiten. Kommt dann noch Geldknappheit dazu, ist es leicht möglich, dass der Anbieter mit dem günstigsten Preis und nicht der mit der besten Qualität das Rennen macht. Deshalb stellen wir in der Neuauflage dieses Ratgebers viele positive Beispiele zur Nachahmung vor und informieren darüber, wie die Qualität der Verpflegungsangebote beurteilt werden kann und welche Möglichkeiten Eltern haben, Einfluss zu nehmen.

Auch wenn die öffentlichen Angebote zahlreicher geworden sind, stehen Eltern in Zeitnot noch immer vor der Frage, wie sie selbst gesund und lecker kochen, ohne stundenlang am Herd zu stehen. Denn an der Tatsache, dass die Eltern für die Ernährung in der Familie zuständig sind, hat sich ebenfalls nichts geändert. Mindestens zwei Mahlzeiten – meist sind es Frühstück und Abendessen – stehen täglich auf dem Programm und müssen als Ausgleich zur Außer-Haus-Verpflegung vielleicht noch sorgfältiger ausgewählt werden als bisher. Deshalb enthält dieser Ratgeber viele Tipps zur Bewältigung dieser Aufgabe – vom praktischen Küchengerät bis zur Checkliste für den Einkauf. Und schließlich sorgen zahlreiche neue Rezepte für Abwechslung. Denn nach wie vor gilt: Gesunde Ernährung muss nicht umständlich und langwierig sein. Und kochen für die und mit der Familie ist nicht nur lästige Pflicht, sondern kann viel Spaß machen. Hier wird experimentiert und ausprobiert. Hier sind neue Geschmackserlebnisse möglich und wenn der Salat einmal mit den Händen gemischt wird, dann stört das niemanden. Außerdem hat das gemeinsame Kochen einen angenehmen Nebeneffekt: Man kann sich dabei wunderbar unterhalten. Und sollte beim Gemüseschneiden oder Quarkrühren häufig gelacht werden, so ist das weder zufällig noch absichtlich, sondern unvermeidlich.

„Mahlzeit, Kinder!“ bietet Ihnen Rat und Hilfe, Tipps und Tricks, mit denen Sie Ihre individuelle Situation gut meistern können, ganz gleich, ob Ihre Familie tagsüber getrennt ist oder ob zu Hause gekocht wird.

Wir wünschen Ihnen guten Appetit!

Ernährungsinfos für Überflieger

Sie möchten Ihre Kinder gesund ernähren? Sie wissen nur nicht genau, wie das geht? Und Sie haben auch keine Zeit, lange Erklärungen zu studieren? Kein Problem: Schauen Sie auf die Uhr und lesen Sie weiter. In fünf Minuten wissen Sie alles Notwendige.

Kinder brauchen:

- **täglich:** 5 Portionen Gemüse und Obst, am besten heimische Arten der Saison; Kartoffeln; Vollkorngetreide in Form von Brot, Müsli, Nudeln, Reis; Hülsenfrüchte; Kräuter; kalorienfreie Getränke wie Wasser, Kräuter- oder Früchtetee. Ebenfalls täglich, aber in kleineren Mengen, brauchen sie Milch, Joghurt, Quark und Käse und in Mini-Portionen Margarine, Öl und Butter.

- **seltener:** Fleisch, Eier und Fisch.

- **grundsätzlich:** 5 Mahlzeiten (3 große und 2 kleine) über den Tag verteilt, dazu jeweils ein Getränk, z. B. Wasser, Fruchtschorlen oder Kräuter- oder Früchtetees. Und außerdem brauchen sie Abwechslung, Freude am Essen, Genuss und eine liebevolle, entspannte Atmosphäre während der Mahlzeiten.

Kinder brauchen nicht:
spezielle Kinderprodukte, Lebensmittel mit zugesetzten Vitaminen oder Mineralstoffen, Müsli-Riegel, Fertigmahlzeiten, Essen als Erziehungsmaßnahme („Wenn du nicht aufräumst, bekommst du keinen Nachtisch!“) und den ständigen Hinweis darauf, dass irgendetwas gegessen werden müsste, weil es gesund ist.

Das war's schon. Jetzt müssen diese Erkenntnisse nur noch in die alltägliche Praxis umgesetzt werden. Drei schnelle Methoden helfen dabei.

Die Schlicht-aber-wirksam-Methode

Sie erfordert am Anfang etwas Einübung und funktioniert bald wie geschmiert. Vier der fünf täglichen Mahlzeiten bleiben immer gleich: Morgens gibt es Müsli mit Milch und Obst, zur ersten Zwischenmahlzeit ein kleines Vollkornbrot und ein Stück rohes Gemüse oder Obst, zur Zwischenmahlzeit am Nachmittag eine

Quarkspeise mit Obst und am Abend Käsebrote und Rohkostsalat. Für die warme Mahlzeit – sie kann mittags oder abends zubereitet werden – gibt es einen Fundus von sieben Rezepten, die sich jede Woche wiederholen.

Spätestens nach der dritten Woche ist das Kochen zur Routine geworden – ohne Anstrengung und ohne großen Zeitaufwand. Wem das auf die Dauer zu langweilig ist, der kann den Fundus um einen weiteren Wochenplan erweitern. Oder anfangen, die Gerichte zu variieren.

Viele Rezepte und Variationsmöglichkeiten finden Sie im Rezeptteil ab Seite 94.

Die Kombi-Methode

Auch die Kombi-Methode bietet allen Unsicheren festen Halt. Sie ist aber in sich flexibler. Grundlage ist die Ernährungspyramide (→ Seite 214). Wie in einer Pyramide sind die täglich benötigten Lebensmittel nach ihrer mengenmäßigen Bedeutung aufgebaut.

Die Basis bilden Getränke, Obst und Gemüse. Drei Portionen Gemüse und zwei Portionen Obst sollten täglich gegessen werden. Bei vier der fünf Tagesmahlzeiten gibt es Nahrungsmittel, die Kohlenhydrate liefern: wahlweise Brot, Getreide, Nudeln und Reis oder Kartoffeln. Milch und Milchprodukte kommen dreimal auf den Tisch. Die Spitze der Pyramide bilden die Gruppen Fleisch/Fisch/Eier (zwei- bis dreimal wöchentlich) sowie Fett und Zucker bzw. Honig. Unter dem Gesichtspunkt der gesunden Ernährung sind Süßigkeiten zwar nicht nötig. Da Süßes jedoch eine unwiderstehliche Anziehungskraft auf die meisten Kinder (und Erwachsenen) ausübt, steigt die Stimmung durch ein leckeres Dessert oder gelegentlich ein Stück Kuchen enorm.

Wie in der Pyramide vorgegeben, werden die Nahrungsmittel miteinander kombiniert. Etwa so: zum Frühstück Getreideflocken, Obst, Milch. Zum zweiten Frühstück ein Brot mit einem Stück Obst oder Gemüse. Als warme Mahlzeit Nudeln oder Kartoffeln, Gemüse, Käse (z. B. als Auflauf). Am Nachmittag ein Stück Obst. Und am Abend Brot, Salat und ein Glas Milch. Natürlich können die Anteile auch anders kombiniert werden. Die Grundlage bildet jedoch immer die Ernährungspyramide.

Die Neugier-Methode

Sie ist ideal für alle, die experimentierfreudig und flexibel sind. Sie prägen sich nur die zuvor beschriebenen Grundregeln der gesunden Ernährung ein (Kinder brauchen ...), geizen vor allem mit Fett, Salz, Süßungsmitteln – und dann rein in die Vielfalt. Denn wer immer mal wieder Neues ausprobiert, wer unter möglichst vielen Nahrungsmitteln eine Wahl trifft, der kann sicher sein, sich und die Kinder mit allen wichtigen Nährstoffen zu versorgen.

Immer wichtig: Das Trinken darf nicht zu kurz kommen. Wenn ein Kind (noch) nicht selbst darauf achtet, müssen es die Eltern tun. So viel Zeit muss auch bei größter Zeitnot sein.

Lesetipp:

Für alle, die sich ausführlicher mit dem Thema gesunde Ernährung beschäftigen wollen, bieten die Verbraucherzentralen einige weitere Ratgeber an. Vor allem für Eltern empfehlenswert: „Bärenstarke Kinderkost“ und „Gesunde Ernährung von Anfang an“.

Wenn Ihr Kind in einer Institution versorgt wird

Für ein gemeinsames Mittagessen haben viele Familien heute nur noch am Wochenende Zeit. Im Alltag geht es hektischer zu: Nach einem schnellen Frühstück gehen Eltern und Kinder ihren Beschäftigungen nach. Oft wird die Mittagsmahlzeit getrennt eingenommen, die Kinder essen im Kindergarten, in der Kita oder in der Schule. Welche Modelle es dafür gibt und wie Sie dazu beitragen können, dass Ihr Kind auch in einer Institution gut versorgt wird, erfahren Sie in diesem Kapitel.

Kochkunst im Kindergarten

Kleine Kinder brauchen mehr als Essen: Zuverlässigkeit, Anregung und eine fürsorgliche Atmosphäre – je kleiner die Kinder sind, desto mehr sind sie darauf angewiesen. In den letzten Jahren ist das Angebot an Betreuungsplätzen für die Kleinen und Kleinsten ständig erweitert worden. Für die Drei- bis Fünfjährigen gibt es inzwischen immer mehr Ganztagsplätze. Fast jedes dritte Kind dieser Altersgruppe wird sieben Stunden und länger in einer Kindertageseinrichtung oder bei Tagesmutter oder -vater betreut. Allerdings muss man sich gerade bei guten Einrichtungen auf lange Wartezeiten einrichten. In manchen Städten werden die Kinder deshalb dort schon angemeldet, wenn sie erst wenige Wochen alt sind.

Öffentliche Einrichtungen

Deutlich verbessert wurde das Angebot für unter Dreijährige. Nachdem das Bundesfamilienministerium die bessere Vereinbarkeit von Familie und Beruf zum Top-Thema gemacht hat, stieg die Zahl der betreuten Kleinkinder spürbar. 15 Prozent der Kleinen können inzwischen untergebracht werden, bis 2013 sollen es über 30 Prozent sein.

Noch besser sieht es bei den Drei- bis Sechsjährigen aus, die bereits seit einigen Jahren einen gesetzlichen Anspruch auf einen Kindergartenplatz haben. Inzwischen besuchen in Nordrhein-Westfalen 90 Prozent dieser Altersgruppe eine der Kindertageseinrichtungen, die von Städten und Gemeinden, Kirchen und freien Trägern, wie der Arbeiterwohlfahrt (AWO) oder dem Deutschen Paritätischen Wohlfahrtsverband, unterhalten werden.

Was die Kinder dort zu essen bekommen, darauf können die Eltern nur durch Anregungen und Wünsche Einfluss nehmen.
Je größer die Einrichtung und je gemischter die Gruppe (Alter, Nationalität), desto schwieriger wird es. Falls die Verpflegung zu

wünschen übrig lässt, können Sie privat für Ausgleich sorgen (⟶ auch Kapitel „Kantinen-Essen: Top oder Flop?“, Seite 39). Oder Sie versuchen zusammen mit anderen Eltern, im Kinderhort etwas zu verbessern. Noch besser: Wenn Sie die Möglichkeit haben, zwischen verschiedenen Einrichtungen zu wählen, dann finden Sie mithilfe der Checkliste auf Seite 21 heraus, welche davon die beste Versorgung bietet.

Hier kocht das Kind

Beispiel

Wenn die 37 Kinder in einem kirchlichen Frankfurter Kindergarten etwas zu essen haben wollen, dann müssen sie sich selbst in die Küche bemühen. Nach jahrelangen, nicht allzu guten Erfahrungen mit Großküchen beschlossen die Erzieherinnen, die Sache selbst in die Hand zu nehmen. Sie überzeugten den Kirchenvorstand, eine Kinderküche zu installieren, in der jeden Tag eine andere Gruppe den Löffel schwingt. Mit großer Konzentration raspeln Vierjährige – Mädchen wie Jungen – an Kartoffeln herum, zerkleinern bis kurz vor der Atomisierung Obst für den Quark und dürfen unter Aufsicht auch schon mal die Gemüsepuffer im heißen Fett umdrehen. Der Versuch hat sich inzwischen zur Gewohnheit entwickelt, auf die niemand mehr verzichten möchte. Das Essen ist sehr viel abwechslungsreicher und vor allem kindgerechter geworden. Die Kinder machen begeistert mit und sie lernen auch gleich was fürs Leben: zum Beispiel, dass Kartoffelpüree ursprünglich nicht aus der Tüte kommt.

Private Initiativen

Ob Krabbelgruppe oder Kinderladen: Vor allem in Städten gibt es fast überall Betreuungsangebote für kleine Kinder, die von den Eltern als Verein getragen werden. Viel Mitbestimmung, aber auch viel Arbeit, so können ihre Vor- und Nachteile auf den Punkt gebracht werden. Vor allem in der Gründungsphase sind private Initiativen ein Fulltime-Job. Was es zu essen gibt, bestimmen natürlich die Eltern. In vielen dieser Einrichtungen kochen sie auch selbst.

Beispiel

15 Strolche werden bekocht

Die Kleinsten sind kaum ein Jahr alt, die Ältesten kommen bald in die Schule: 15 Kinder besuchen in Bonn die Kindertagesstätte „Die kleinen Strolche“. Die Einrichtung – 1990 aus einer Krabbelgruppe entstanden – wird durch einen Elternverein verwaltet, der von der Stadt finanziell gefördert wird. Für die Pädagogik sind vier Erzieherinnen zuständig, für das Essen die Eltern. Wer ein Kind in der Gruppe hat, muss alle drei Wochen die Strolche bekochen, bei mehreren Kindern wird es entsprechend häufiger. Und das – so eine Mutter – ist manchmal ganz schön nervig. Vier Stunden müssen schon eingeplant werden vom Einkauf bis zum Transport in die Räume der Kita. Die meisten Eltern sind berufstätig, sie kochen abends vor. Das Essen wird am nächsten Mittag aufgewärmt. Wer Zeit hat, kocht mittags frisch in der Kita, manchmal mit den Kindern, was jedes Mal eine Riesengaudi ist. Es gibt vollwertiges, vegetarisches Essen. Im Lauf der Jahre ist eine Rezeptsammlung entstanden, die sich die Eltern ausleihen können. Sie enthält Rezepte, die gut geeignet sind und den Kindern schmecken, zum Beispiel Nudeln mit Möhrensoße oder Aufläufe. Für das Essen steht eine bestimmte Summe zur Verfügung, die erstattet wird. Wer üppiger kocht, zahlt aus eigener Tasche dazu. Nachtisch gibt es jeden Tag, aber erst nachmittags um 15 Uhr als Zwischenmahlzeit. Die Erfahrung hat gezeigt, dass sich die Kinder sonst beim Mittagessen daran satt essen.

Lesetipp:

- *Eine Sammlung von 148 Rezepten, die zum Kochen mit Kindern im Kindergarten geeignet sind, enthält das* ***„Marburger Kindergarten-Kochbuch“****. Es kostet 5,- € plus Porto und Verpackung und ist erhältlich beim Gesundheitsamt Marburg, Arbeitskreis Jugendzahnpflege, Schwanallee 23, 35037 Marburg, Tel.: 0 64 21/1 89 139.*

- *Die Broschüre* ***„Qualitätsstandards für die Verpflegung in Tageseinrichtungen für Kinder“*** *gibt's als kostenlosen Download unter www.dge-projektservice.de*

Tipp

Informationen zum Thema „Hygiene“ finden Sie z. B. unter *www.schuleplusessen.de* und *www.aid.de/gemeinschaftsverpflegung/start.php*

Information:

- *Die* ***Adressen für Kindertageseinrichtungen*** *sind entweder über das Jugendamt oder direkt bei den einzelnen Trägern erhältlich.*

- *Auch die örtlichen Büros des Verbandes alleinerziehender Mütter und Väter können weiterhelfen. Bei ihnen gibt es auch für 5,- € den sehr nützlichen Ratgeber* ***„Alleinerziehend – Tipps und Informationen“****:*
  Verband alleinerziehender Mütter und Väter,
  Hasenheide 70, 10967 Berlin, Tel.: 0 30/69 59 78-6,
  Fax: 0 30/69 59 78-77, www.vamv.de ,
  E-Mail: kontakt@vamv.de.

- ***Adressen für private Initiativen*** *gibt es über das Jugendamt. Manchmal annoncieren die Einrichtungen in der Zeitung, wenn ein Platz frei wird. Wer selbst eine Einrichtung gründen will, kann sich für Information und Hilfe an die*

Bundesarbeitsgemeinschaft Elterninitiativen (BAGE) e. V. *wenden, Landwehrstraße 60–62, 80336 München, Tel.: 0 89/9 61 60 60 60, Fax: 0 89/9 81 60 60 16, www. bage.de, E-Mail: info@bage.de.*

- *Unter **www.fitkid-aktion.de** finden Sie Informationen über „FIT KID – Die Gesund-Essen-Aktion für Kitas".*

Check ✓ Gut essen in der Kita

Die Deutsche Gesellschaft für Ernährung hat erstmals Qualitätsstandards für die Verpflegung in Tageseinrichtungen für Kinder entwickelt. Darunter sind einige Anforderungen, die auch Eltern helfen, das Angebot und die Zusammenarbeit zu beurteilen und selbst Anregungen zu machen. Falls Sie eine Einrichtung finden, die bereits das „FIT-KID-Logo" erworben hat, haben Sie Glück: Alle folgenden Anforderungen werden von dieser Kita bereits erfüllt. Ansonsten ist eine Einrichtung umso empfehlenswerter, je mehr Fragen mit „Ja" beantwortet bzw. „abgehakt" werden können.

- ☐ Hat die Einrichtung ein festes Verpflegungskonzept, das den Eltern bekannt gemacht wird? Dazu gehören im Einzelnen Infos über das Frühstücksangebot, die Zwischenmahlzeiten, die Mittagsverpflegung (eventuell mit Beispielspeiseplan), Getränkeangebot, Umgang mit Süßigkeiten, Mitbringen von Speisen, Verpflegung bei Festen.
- ☐ Hat die Einrichtung einen separaten Speiseraum, der freundlich gestaltet und mit kindgerechtem Mobiliar ausgestattet ist?
- ☐ Wird in der Einrichtung Wert gelegt auf feste Essenszeiten und klar definierte Zeiten, in denen nicht gegessen wird?
- ☐ Werden Gespräche angeboten, um das Frühstück zu Hause und in der Einrichtung aufeinander abzustimmen?
- ☐ Werden die Eltern beim Aufnahmegespräch zum Beispiel über eine Lebensmittelliste darüber informiert, welche Lebensmittel sie ihren Kindern zum Frühstück oder für den Nachmittagsimbiss mitgeben sollen?
- ☐ Essen die Erzieherinnen und Erzieher regelmäßig mit den Kindern?
- ☐ Wird der aktuelle Speiseplan den Eltern regelmäßig bekannt gemacht?
- ☐ Wird der Speiseplan wöchentlich kindgerecht, z. B. gemalt, ausgehängt?
- ☐ Gibt es feste Regeln für den Umgang mit Süßigkeiten (keine Süßigkeiten in der Brotbox, keine Süßigkeiten als Zwischenmahlzeiten, Ausnahmen nur bei besonderen Anlässen)?

Grundschule: lernen, leben, Mittagessen

Nach dem Unterricht geht's weiter: Theater und Tennis, Meditation und Musik und dazwischen Hausaufgaben und Ruhepausen – so sieht der Alltag an immer mehr Schulen aus. Die gesellschaftliche Bedeutung von Ganztagsschulen und offenen Ganztagsschulen mit einem freiwilligen Nachmittagsangebot ist in den letzten Jahren in Deutschland gewachsen. Aufgeschreckt durch die Ergebnisse der PISA-Studie, wurde allgemein (Wissenschaft, Schulen, Eltern, Politik) erkannt, dass ein ganztägiges Angebot bessere Voraussetzungen zum Lernen bietet. Vor allem viele Grundschulen haben sich umgestellt. Während 2003 nur etwa jede achte Schule in diesem Bereich eine Ganztagsbetreuung anbot, ist es heute mindestens jede dritte. Tendenz: steigend.

Partner aus vielen Bereichen, von der Musikschule bis zum Sportverein, von den Kirchen bis zur Kriminalpolizei, tragen mit ihren Angeboten dazu bei, die Schulen für die Jüngsten zu Zentren des gesellschaftlichen Lebens zu machen. Da kommen selbst Bürokraten ins Schwärmen. „Die offene Ganztagsgrundschule ist eine neue Schule. Sie bietet Förderung, Freizeit, Lernen, Hobby, Beratung, alles an einem Ort", so hieß es zum Start der Aktion in einem Bericht des nordrhein-westfälischen Landesministeriums für Schule und Weiterbildung.

Für Eltern und Kinder nicht ganz unwichtig: Die Ganztagsschule bietet im Rahmen der Betreuung auch Mittagessen. Für manche der Beteiligten ist das nicht neu. Denn bisher gab es Betreuungsangebote wie Horte und Schulkinderhäuser, die in das neue Konzept mit eingebunden werden. Viele Grundschulen suchen jedoch zum ersten Mal nach geeigneten Möglichkeiten, 30 oder mehr hungrige Kinder zufriedenstellend zu versorgen. Eine schwierige, aber auch spannende Aufgabe, bei der sich ungewöhnliche Kooperationspartner finden können: von der Krankenhauskantine, die Bio-Produkte verarbeitet, bis zu einer Organisation europäischer Spitzenköchinnen und -köche, deren Mitglieder in Schulen Kochkurse geben.

In vielen Schulen können die Eltern mit darüber entscheiden, wie ihre Kinder versorgt werden sollen. Grundsätzlich gibt es folgende Alternativen:

- Gekocht wird vor Ort in der Schule. Das hat mehrere Vorteile: Durch den Wegfall langer Transportwege gibt es kaum Nährstoffverluste. Und: Hier wird Mitbestimmung groß geschrieben. Deshalb stehen die Chancen für eine vollwertige, kindgerechte Ernährung ausgezeichnet. Diese sogenannte Mischküche oder Frischeküche wird jedoch nur an wenigen Schulen angeboten. Denn dafür sind qualifiziertes Personal und eine aufwändig eingerichtete Küche erforderlich, was meist hohe Kosten verursacht. Aber auch ohne räumliche Umbauten und qualifiziertes Personal kann die Verpflegung in der Schule frisch aufgepeppt werden. Beispiele dafür gibt es im Kapitel „Modelle, die Schule machen“, ····› Seite 28.

- Ein Catering-Betrieb liefert das Essen. Meist gibt es mehrere Firmen, zwischen denen man wählen kann. Wie man das richtige Catering findet, steht in der Checkliste auf Seite 27.

- Die Kinder werden aus einer Kantine versorgt, die das Essen liefert oder die sie besuchen. Erfahrungsberichte von Schulen zeigen, dass es viele mögliche Kooperationspartner gibt. Stadtverwaltungen und Betriebe, Altenheime und Sportvereine, kurz, alle, die eine Kantine betreiben, können angesprochen werden. Eine Checkliste für die Beurteilung von Kantinen finden Sie im Kapitel „Kantinen-Essen – Top oder Flop?“, ····› Seite 39.

- Das Essen kommt aus dem Restaurant oder einer örtlichen Metzgerei oder Bäckerei. Auch wenn es ungewöhnlich erscheint: Nichts spricht dagegen, die Betreiber/innen eines vertrauenswürdigen Restaurants anzusprechen. Vor allem, wenn eine kleinere Gruppe Kinder zu versorgen ist, kann das eine gute Lösung sein, die viel Flexibilität und individuelle Absprache ermöglicht.

Beispiel

Catering in der Grundschule

Nicht immer ist die erste Lösung die beste. Auch kann eine neue Situation neue Ansätze erforderlich machen. Diese Erfahrung hat Marlene Semmerling, Leiterin einer Essener Grundschule, gemacht. Einige Monate lang bezog die Schule das Mittagessen von einer städtischen Kantine. Es wurde sehr früh geliefert und musste entweder über längere Zeit warm gehalten oder noch einmal erhitzt werden, zum Nachteil der Geschmacks- und Nährstoffe. Die Schule wechselte deshalb zu einem Catering-Betrieb. Die Firma lieferte nicht nur die Mahlzeiten, sondern auch alle notwendigen Geräte für Lagerhaltung und Zubereitung. Das Essen kam schockgefroren ins Haus. In Kühltürmen konnte für zwei Wochen Vorrat gestapelt werden, Dampferhitzer garantierten eine schonende Garung. Und die Erzieherinnen hatten nur noch die Qual der Wahl. Denn sie mussten sich bei diesem Anbieter zwischen mehreren hundert Artikeln entscheiden.

Eine Zeitlang waren alle Beteiligten mit der neuen Lösung zufrieden, auch wenn das Essen teurer war: Rund 2,50 Euro zahlten die Eltern pro Kind und Mahlzeit. Als die Schule 2003 zur offenen Ganztagsschule wurde, musste das Verpflegungskonzept noch einmal geändert werden! Jetzt gibt es schon im 4. Jahr eine Kooperation mit dem Luther-Krankenhaus und mit einem ortsansässigen Caterer. Das Essen wird nun warm angeliefert. Es gibt vier verschiedene Essenszeiten mit jeweils festen Gruppen. Für jede Gruppe wird das Essen in separaten Warmhaltebehältern (sog. Thermophoren) angeliefert, die zu den betreffenden Essenszeiten getrennt geöffnet werden. Statt Nachtisch gibt es frisches Obst, das über den ganzen Nachmittag hinweg angeboten wird. Häufig wird statt gedünstetem Gemüse Rohkost angeboten, die von den Kindern auch besser angenommen wird. Der Caterer geht auf die speziellen Erfordernisse von Kindern ein. So werden z. B. Allergiker/innen oder muslimische Kinder berücksichtigt. Die Kosten belaufen sich nach wie vor auf 2,50 Euro pro Kind. Es gilt aber: Kein Kind ohne Mahlzeit! Im Bedarfsfall gibt es einen Zuschuss aus dem gleichnamigen NRW-Landesfonds, der die Kosten für die Eltern auf einen Euro senkt.

Nicht immer besteht die Möglichkeit, zwischen verschiedenen Anbietern zu wählen. Es kann auch vorkommen, dass die verfügbaren Angebote nicht ganz zufriedenstellend sind. Kein Grund zur Resignation: Ein freundlicher Brief, ein offenes Gespräch, in dem klare Verbesserungsvorschläge gemacht werden, hat schon manche Veränderung bewirkt.

Lesetipp:

Eine gute Grundlage für ein Gespräch über Verbesserungen in der Schulverpflegung bietet die Broschüre ***„Qualitätsstandards für die Schulverpflegung" der Deutschen Gesellschaft für Ernährung.*** *Darin werden konkrete Anforderungen an eine ausgewogene Mittagsverpflegung benannt. Darüber hinaus wird Orientierung bei zahlreichen Fragen gegeben, die in der Praxis auftreten können. Die Broschüre ist kostenlos und kann im Internet unter der Adresse www.dge-projektservice.de oder www.schuleplusessen.de heruntergeladen werden. Sie kann auch per Telefon (02 28/9 09 26-14) oder Fax (02 28/9 09 26-17) gegen Bezahlung einer Versandkostenpauschale in Höhe von 5,- € bestellt werden.*

Information:

- *Im Rahmen der* ***Bundesinitiative für gesunde Ernährung „IN FORM"*** *wurden in allen Bundesländern Vernetzungsstellen für Schulverpflegung mit unterschiedlichen Schwerpunkten eingerichtet. Eine Übersicht und Ansprechpartner sind im Internet auf der Seite www.in-form.de zu finden. In Nordrhein-Westfalen und Thüringen sind die Vernetzungsstellen bei den* ***Verbraucherzentralen*** *ange-*

siedelt. Wer Näheres darüber wissen will oder sich für eine optimale Schulverpflegung engagieren möchte, kann sich an folgende Kontaktadressen wenden:

*– **Vernetzungsstelle Schulverpflegung NRW,** Ursula Tenberge-Weber, Mintropstraße 27, 40215 Düsseldorf, Tel.: 02 11/38 09-714, Fax: 02 11/ 38 09-238, www.schulverpflegung.vz-nrw.de, E-Mail: schulverpflegung@vz-nrw.de.*

*– **Vernetzungsstelle Schulverpflegung Thüringen,** Alexandra Liening, Edelgard Bärwolf, Eugen-Richter-Straße 45, 99085 Erfurt, Tel.: 03 61/555 14-23 und -24, Fax: 03 61/555 14-40, www.vzth.de/schulverpflegung, E-Mail: vernetzungsstelle@vzth.de.*

- ***„Bio kann jeder"** – So heißt das Motto einer bundesweiten Informationskampagne für mehr Bio-Produkte in der Außer-Haus-Verpflegung von Kindern und Jugendlichen. Mit dem Aktionsprogramm sollen Erzieher/innen, Lehrkräfte und Eltern, vor allem aber auch die Verantwortlichen in Kantinen und Verwaltung auf den Wert einer gesunden, kindgerechten Ernährung aufmerksam gemacht werden. Kontakte, Beispiele und weitere Informationen finden Sie im Internet unter www.oekolandbau.de*

Nicht verzagen – ausprobieren!

Auch wenn die Ganztagsschulen an Bedeutung gewinnen, sind noch längst nicht alle Eltern in der glücklichen Situation, dass ihr Kind in der Schule versorgt wird. Viele müssen weiterhin nach individuellen Lösungen suchen. Wenn Sie niemanden haben, der für Ihr Kind nach der Schule sorgt, dann sprechen Sie das Problem auf dem nächsten Elternabend an. Vielleicht sind andere Eltern in derselben Situation. Dann kann man gemeinsam nach einer Lösung suchen. Möglich wäre zum Beispiel, eine Person zu finden – eine Nachbarin, Verwandte, einen Studenten – , die die Kinder in einer eigenen Wohnung oder in einer

Check ✓ Gut verpflegt durch Catering

Nichts spricht dagegen, die Verantwortung für die Schulverpflegung einem professionellen Caterer zu übertragen. Vorausgesetzt, das Catering erfüllt einige Anforderungen. Im besten Fall wurde es bereits von der Deutschen Gesellschaft für Ernährung zertifiziert. Aber auch anhand folgender Punkte lässt sich das Angebot überprüfen:

- ☐ Arbeitet der Caterer mit einem Nährstoff schonenden System? Bei der Warmverpflegung dürfen die Speisen maximal drei Stunden warm gehalten werden, da sonst ihr Nährstoffgehalt deutlich verringert wird. Empfindliche Speisen wie Gemüse sollten nicht länger als eine Stunde warm gehalten werden. Wird das nicht garantiert, dann sind Systeme geeigneter, bei denen die Speisen gefroren oder heruntergekühlt (Cook & Chill) geliefert werden.
- ☐ Ist das Angebot auf die Bedürfnisse und den Geschmack von Kindern ausgerichtet? Entsprechende Informationen und Checklisten zum Vergleich gibt es auf der Internetseite www.schuleplusessen.de.
- ☐ Bietet der Caterer eine ausführliche Beratung für Schulpersonal und Elternvertretung an?
- ☐ Ist er bereit, auf die Wünsche der Schule einzugehen?
- ☐ Erstellt der Caterer ein konkretes Verzeichnis seiner Leistungen, damit die Qualität kontrolliert werden kann?
- ☐ Bietet der Caterer Zusatzleistungen an, zum Beispiel Beratung bei der Küchenausstattung, das Ausrichten von Festen oder die Übernahme der Abrechnung?
- ☐ Ist der Caterer in der Lage, sich auf Besonderheiten einzustellen, zum Beispiel muslimische Kinder und Kinder mit Allergien? Eine Liste solcher Anbieter hat der aid infodienst gemeinsam mit dem Deutschen Allergie- und Asthmabund e. V. zusammengestellt. Sie ist zu finden auf der Internetseite www.talking-food.de.

Elternwohnung bekocht und betreut. Vielleicht sind aber auch andere Eltern bereit, Ihr Kind täglich oder gelegentlich nach der Schule für einige Stunden aufzunehmen. Ob Sie dafür Geld bezahlen, etwas zum Tausch anbieten – vom Fensterputzen bis zum Haare-schneiden – oder das andere Kind zu einer Urlaubsfahrt einladen, das sollten Sie offen besprechen.

Modelle, die Schule machen

■ Wenn um 10.30 Uhr die Unterrichtstunde in einem Bremer Schulzentrum beginnt, dann binden sich Schülerinnen und Schüler der 10. Hauptschulklassen eine Schürze um, setzen eine weiße Mütze auf und waschen sich die Hände. In den nächsten zwei Stunden werden sie pausenlos im Einsatz sein: Gemüse zerkleinern, Eintöpfe umrühren, Aufläufe schichten, Fleisch anbraten. Hauswirtschaft steht auf dem Stundenplan, genauer gesagt: kochen. Und zwar nicht nur zum Spaß oder um eine gute Note zu bekommen. Im täglichen Wechsel bereiten Gruppen von etwa acht Schülern/innen das Essen für 80 bis 100 Mitschüler/innen zu, die am Ganztagsangebot teilnehmen. Sie planen die Arbeitsabläufe, verarbeiten die Lebensmittel, teilen das Essen aus und reinigen anschließend Geschirr und Küche. Erst dann können sie an ihren eigenen Hunger denken.

Bis vor einigen Jahren war das Essen von einem Caterer geliefert worden. Die Schülerinnen und Schüler selbst kamen auf die Idee, ihr Schulwissen in die Praxis umzusetzen. Anfangs trauten sich nur etwa 20 Vorkoster an das neue Angebot heran, dann wurde es begeistert angenommen. Inzwischen kommen ganze Klassen zusammen mit ihren Lehrkräften, um in der neuen Mensa gemeinsam Mittag zu essen. Nach anfänglichen Problemen ist jetzt auch die Küche so ausgestattet, dass sie den steigenden Anforderungen gerecht wird. Und die jungen Köchinnen und Köche haben aus vielen Erfahrungen gelernt. Nur wenn spontan viele Vorbestellungen abgesagt werden, wie es nach Schulveranstaltungen schon einmal vorkommen kann, gerät die Küchencrew vorübergehend in Panik. Doch auch dann wird immer eine Lösung gefunden: Entweder werden an einem solchen Tag alle Lehrerinnen und Lehrer eingeladen oder es gibt am nächsten Tag noch einmal das gleiche Gericht.

Ein Modell von vielen, das zeigt, wie kreativ und zukunftsweisend an Schulen heute mit dem Thema Ernährung umgegangen wird. Initiativen kommen nicht nur von Schülerinnen und Schülern und sie betreffen auch nicht nur das Mittagessen:

- In einer Gemeinschaftsgrundschule in Köln haben das Lehrkollegium, die Elternvertretung und Ärzte ein Gesundheitsteam gebildet, um Ideen für eine Verbesserung der Ernährungssituation zu entwickeln. Die Ergebnisse überzeugen: In allen Klassen gibt es einen Obstteller, der täglich von Eltern und Lehrpersonal bestückt wird. Zusätzlich wird einmal im Monat gemeinsam ein gesundes Frühstück zubereitet. Und allen Kindern steht ständig Mineralwasser zur Verfügung.

- Jeder erste Freitag im Monat ist in einer Solinger Grundschule zum Müslitag erklärt. Drei Mütter besorgen im Wechsel die Zutaten und bauen sie zu einem Buffet auf. Die Kinder stellen sich ihr Müsli selbst zusammen. Und nicht nur das: Immer häufiger erzählen sie, dass sie jetzt auch zu Hause Müsli essen.

- „Barbarabrötchen“ heißt ein gesundes Pausenbrot, an das sich die Kinder der Barbaraschule in Neuss gewöhnt haben. Hier war vor einigen Jahren bei einer Untersuchung festgestellt worden, dass viele Kinder vorgefertigte süße Nahrung als Frühstücksbrot mitbrachten. Die Schulkonferenz beschloss daher auch auf Wunsch der Elternpflegschaft, dass die Schule sich im Unterricht mit dem Thema Essen und Ernährung beschäftigen sollte. Im Rahmen eines umfangreichen Projekts wurde nicht nur Wissen erworben, sondern auch Brot gebacken und Joghurt hergestellt. Und: Am Imbiss gegenüber der Schule kann man seitdem frische Körnerbrötchen mit Salat und Wurst oder Käse kaufen, für die in der Schule eifrig geworben wird – nicht nur des hübschen Namens wegen.

- Kleine Aktion – große Wirkung: In einer Grund- und Hauptschule in Ulm bietet eine Arbeitsgruppe aus den Klassen 5 bis 8 „Powerpacks“ zum Verkauf an. Dazu füllen Schülerinnen und Schüler einer Arbeitsgruppe Tütchen mit Nüssen, Rosinen und Trockenobst. Die Mischung findet großen Anklang. Rund 40 solcher Kraftpakete werden täglich für je 50 Cent verkauft, und zwar nicht nur an Schüler/innen: Auch die Lehrkräfte greifen begeistert zu.

Was können Sie tun?

Für größere Kinder gibt es die Möglichkeit, ihr Mittagessen in einer Kantine einzunehmen. Das können Kantinen von Firmen, Behörden, Altenheimen, Kinderheimen, Behindertenheimen oder auch Mensen sein. Wenn eine solche Verpflegung in Frage kommt, dann ist es am besten, mehrere Kinder daran zu beteiligen. Sie können vielleicht von einem Elternteil oder von Schülerinnen und Schülern der oberen Klassen zu ihrem Mittagstisch begleitet werden. Suchen Sie sich auf dem Elternabend, durch einen Aushang oder einen Brief andere Eltern, die ähnliche Probleme haben. Oder sprechen Sie mit den Lehrkräften, ob Ihr Anliegen auch in anderen Klassen bekannt gemacht werden kann.

Weitere Informationen finden Sie im Kapitel „Kantinen-Essen: Top oder Flop?“

Information:

- *Die zuständigen* ***Schulämter*** *oder* ***Schulverwaltungsämter,*** *zu erreichen über Stadt- und Gemeindeverwaltungen, können Auskünfte über die Angebote der Schulen machen.*
  In Bonn z. B. wird vom Schulamt eine Adressensammlung herausgegeben: ***„Betreuungsangebote – über den Vormittag hinaus“****. Darin sind alle entsprechenden Angebote mit den Kontaktdaten aufgelistet.*

- ***Die Münchner Aktionswerkstatt G'sundheit (MAG's)*** *engagiert sich für gesunde Verpflegung in Schulen (Schulkiosk, Mensa, Schülercafeteria) und Kinderbetreuungsstätten. Neben Informationsmaterialien werden Fortbildungsveranstaltungen für Küchenpersonal, Hausmeister, Eltern, Schüler/innen und Lehrer/innen angeboten:*
  MAG's Gesundheitsbildung, Bayerstraße 77 a, 80335 München, Tel.: 0 89/53 2 9 56-55, Fax: 0 89/53 29 56-57, www.mags-muenchen.de, E-Mail: herbert.suessmeier@mags-muenchen.de.

- ***Das Kuratorium Schulverpflegung e. V.*** *arbeitet seit 20 Jahren an der Verbesserung der Ernährungssituation in Schulen und Kindertagesstätten. Informationen über Aktivitäten und Projekte sind erhältlich bei:*
  Kuratorium Schulverpflegung e. V., Hochvogelstraße 17, 86899 Landsberg, Tel. 0 81 91/9 22 93 40, www.kuschu.de, E-Mail: kuratorium@kuschu.de.

Wenn Sie selbst eine Außer-Haus-Verpflegung organisieren müssen

Obwohl die Tendenz steigend ist, können noch längst nicht alle Kinder mittags dort essen, wo sie den Tag verbringen. Auch eine verlässliche Unterbringung ist nicht überall garantiert. Viele Eltern sind nach wie vor gezwungen, nach anderen Lösungen zu suchen. Glücklicherweise wird in vielen Firmen die Vereinbarkeit von Familie und Beruf inzwischen groß geschrieben. In diesem Kapitel werden positive Modelle vorgestellt, außerdem viele Initiativen, die dazu beitragen, dass das Leben mit Kindern auch in schwierigen Situationen gut bewältigt werden kann und Spaß macht. Und schließlich ein paar gute Anlaufstellen für die schnelle Versorgung zwischendurch.

Arbeitsplatz mit Familienanschluss

In immer mehr Betrieben setzt sich die Erkenntnis durch, dass es sich auszahlt, Mitarbeiterinnen und Mitarbeiter an die Firma zu binden, indem man ihnen hilft, ihre beruflichen und familiären Aufgaben unter einen Hut zu bringen. Wie das gehen kann, zeigt zum Beispiel die WDR mediagroup GmbH in Köln. Hier gibt es flexible Arbeitszeitregelungen, die es den Mitarbeiterinnen und Mitarbeitern erlauben, ihre tägliche Arbeitszeit eigenverantwortlich festzulegen oder eins von mehreren Teilzeitmodellen zu wählen. Durch die Zusammenarbeit mit einem externen Familienservice gibt es verschiedene Möglichkeiten der Kinderbetreuung. Auch für das Ferienloch oder für unvorhersehbare Notfälle wird vorgesorgt. Wenn einmal alle Stricke reißen, kann im Betrieb ein separates Eltern-Kind-Zimmer genutzt werden. Für die Eltern ist es mit einem kompletten Arbeitsplatz ausgestattet; für Kinder je nach Alter mit Schreibtisch und Kinder-PC, Wickeltisch, Spielzelt und vielen Spielen. Keine Frage: In der hauseigenen Kantine sind Kinder gern gesehen, Kinderstühle stehen in ausreichender Menge zur Verfügung.

Dass Ähnliches auch auf kleinerer Ebene funktioniert, zeigt das Beispiel einer Immobilien AG in Potsdam, die als besonders familienfreundlicher Betrieb ausgezeichnet wurde. Die Mitarbeiterinnen und Mitarbeiter profitieren von einem umfassenden Betreuungsangebot. Von der Geburt bis zum Schuleintritt kann ihr Nachwuchs an sieben Tagen in der Woche und – wenn nötig – rund um die Uhr versorgt werden. Möglich wird dies durch Belegplätze, die das Unternehmen in einem nahe gelegenen Kinderhaus reserviert hat und für die es einen Teil der Elternbeiträge übernimmt.

Betriebseigene Kindergärten sind zwar noch immer nicht die Regel, doch auch in dieser Beziehung ist einiges in Bewegung gekommen. Anfang 2008 hat das Familienministerium das Programm „Betrieblich unterstützte Kinderbetreuung“ gestartet. Dadurch soll bundesweit die Einrichtung von neuen, betrieblich unterstützten Kinderbetreuungsplätzen ermöglicht werden.

Es muss ja nicht gleich ein Kindergarten sein, den die Firma einrichtet. Es würde oft schon helfen, wenn größere Kinder nach der Schule mit ihren Eltern in der betriebseigenen Kantine essen könnten. Oder wenn es die Möglichkeit gäbe, Essen aus der Kantine mit nach Hause zu nehmen. In manchen Firmen geht so etwas schon. Vielleicht haben ja auch Ihre Chefin oder Ihr Chef ein offenes Ohr für diese Ideen.

Wer hilft weiter?

Wenn es in der Firma einen Betriebsrat gibt, dann ist er der richtige Ansprechpartner. Ansonsten sollten Sie sich nicht scheuen, Vorgesetzte selbst anzusprechen. Dazu wäre es gut, wenn Sie vorher mit Kolleginnen und Kollegen übereinkommen würden, die in einer ähnlichen Lage sind. Hilfreich ist es auch, gleich konkrete Vorschläge zu machen. Und vor allem: Machen Sie deutlich, welchen Nutzen Ihr Vorschlag für die Firma hat, denn qualifizierte, eingearbeitete Mitarbeiterinnen und Mitarbeiter bleiben dem Betrieb erhalten. Sie müssen sich nicht abhetzen oder mit den Gedanken zu Hause sein, sondern können sich voll und ganz auf ihre Arbeit konzentrieren. Zufriedene Arbeitskräfte engagieren sich stärker und gerne für die Firma.

Information:

- ***„Erfolgsfaktor Familie"*** *heißt ein Unternehmensnetzwerk, das vom Bundesfamilienministerium und dem Deutschen Industrie- und Handelskammertag initiiert worden ist. Es versteht sich als Plattform für Unternehmen, die sich für eine familienbewusste Personalpolitik interessieren oder bereits engagieren. Ziel ist es, möglichst viele Unternehmen für die Notwendigkeit und den Nutzen einer besseren Vereinbarkeit von Beruf und Familie zu sensibilisieren. Auf der Homepage des Netzwerks sind neben vielen anderen Informationen zahlreiche positive Beispiele aus ganz Deutschland zu finden: www.erfolgsfaktor-familie.de*

- *Der Dienstleistungsbetrieb* ***„pme Familienservice"*** *erarbeitet maßgeschneiderte Konzepte für die Versorgung von Kindern berufstätiger Eltern. Unter anderem sucht und schult er Tagesmütter und -väter, vermittelt Plätze in Kindertagesstätten und kümmert sich in der ersten Zeit, bis sich alles eingespielt hat, darum, dass die Versorgung auch tatsächlich funktioniert. Für jeden Notfall gibt es eine flexible Lösung, sei es eine 24-Stunden-Betreuung vor Ort oder die Unterbringung im firmeneigenen Kinderhotel. Der Erfolg bestätigt das Konzept: Vor zehn Jahren gegründet, arbeitet die Firma heute an 30 Standorten in Deutschland, Österreich und der Schweiz. Der Familienservice wird in der Hauptsache von Firmen beauftragt, die qualifizierten Mitarbeiterinnen und Mitarbeitern helfen wollen, Familie und Berufstätigkeit zu vereinbaren. Machen Sie Ihre Firma darauf aufmerksam! Wenn Sie es sich leisten können: Auch private Anfragen werden vom Familienservice bearbeitet, wenn Kapazitäten frei sind. Bei der Zentrale sind Informa-*

tionen über die Leistungen und Standorte der Institution erhältlich: pme Familienservice GmbH, Flottwellstr. 4–5, 10785 Berlin, Tel.: 0 30/26 39 35-70 oder über die kostenlose Hotline 08 00/58 80 59 944, www.familienservice.de

- ***„Betriebliches Engagement in der Kinderbetreuung"*** *und* ***„Erwartungen an einen kinderfreundlichen Betrieb"****.*
  So heißen zwei Informationspapiere, die vom Bundesministerium für Familie, Senioren, Frauen und Jugend herausgegeben werden. Sie können auf den Internetseiten des Ministeriums heruntergeladen werden oder schriftlich bzw. telefonisch bestellt werden beim Bundesministerium für Familie, Senioren, Frauen und Jugend, 11018 Berlin. Service-Telefon: 01 80/1 90 70 50 (3,9 Cent pro Minute vom Festnetzanschluss), Fax: 0 30 18/5 55 44 00, www.bmfsfj.de

Was können Sie tun?

Wenn es zeitlich und örtlich möglich ist, können Sie sich mit größeren Kindern in der Mittagspause oder bei einer Teilzeitstelle direkt nach der Arbeit treffen und gemeinsam zum Mittagessen gehen. Wo, das hängt vom Geldbeutel ab.

Immer mehr Kantinen und Mensen sind für die Allgemeinheit zugänglich. Wie Sie deren Qualität beurteilen können, lesen Sie im Kapitel „Kantinen-Essen: Top oder Flop?", → Seite 39.

Wohlfahrtsverbände, Kirchen, Städte und Gemeinden und sogar Wohnungsbaugenossenschaften bieten einen Mittagstisch an, manchmal nur für alte Menschen, oft aber auch für andere. Hier ist das Essen meist besonders preiswert. Die Qualität ist unterschiedlich. Sie kann nach denselben Kriterien wie bei Kantinen beurteilt werden. Viele dieser Angebote sind nicht in der Öffentlichkeit bekannt. Eine gute Übersicht ist oft erhältlich bei den Referaten oder Büros für Altenhilfe der Städte und Gemeinden.

In vielen Mütterzentren wird mittags gekocht. Beim Bundesverband Mütterzentren e. V., Müggenkampstr. 30 a, 20257 Hamburg, Tel.: 0 40/40 17 06 06, www.muetterzentren-bv.de, E-Mail: info@muetterzentren-bv.de, erfahren Sie, wo das nächste Zentrum in Ihrer Nähe ist. Genauere Informationen über Mütterzentren stehen im Kapitel „Mütter helfen Müttern“, → Seite 43.
Den Restaurantbesuch wird man sich nicht jeden Tag leisten können. Es gibt jedoch vor allem in größeren Städten immer häufiger Bio-Restaurants, Reformhäuser und Bio-Läden, die einen preiswerten Imbiss anbieten.

Kantinen-Essen: Top oder Flop?

Sie haben die Möglichkeit, mittags mit Ihrem Kind in einer Kantine zu essen. Herzlichen Glückwunsch. Oder eher herzliches Beileid? Noch immer haben Kantinen einen schlechten Ruf. Zu viel, zu fett, zu süß, zu salzig – alle bekannten Ernährungssünden scheinen hier eine Heimstatt gefunden zu haben, ganz zu schweigen von der Sünde wider den guten Geschmack.

So war es jedenfalls in der Vergangenheit. Inzwischen ist das Wissen um gesunde Ernährung bis in die Kantinenküchen vorgedrungen. Sie sind ebenso wie Mensen oft besser als ihr Ruf, meint das Forschungsinstitut für Kinderernährung in Dortmund in der Broschüre „Empfehlungen für die Ernährung von jungen Singles". Ob Sie mit Ihrer Kantine einen Glücksfall erleben oder eher einen Flop, können Sie anhand der folgenden Checkliste erkennen:

Check ✓ **Wie gut ist Ihre Kantine?**

- ☐ Es werden täglich mehrere Gerichte angeboten oder Teile des Menüs stehen zur Auswahl.
- ☐ Auch fleischlose Gerichte stehen auf dem Speiseplan.
- ☐ Frische Salate gehören täglich dazu.
- ☐ Einmal pro Woche kommt Fisch auf den Tisch.
- ☐ Kartoffeln werden überwiegend als Pell-, Salz- oder Folienkartoffeln zubereitet und nicht als fettreiche Pommes frites oder Kroketten.
- ☐ Auch das übrige Essen schwimmt nicht im Fett und ist nicht übermäßig gesalzen.
- ☐ Für den „kleinen Hunger" stehen frisches Obst, Salate und Milchprodukte bereit.
- ☐ Gegen den Durst gibt es Mineralwasser und Fruchtsaftschorlen.
- ☐ Und schmecken muss es Ihnen und den Kindern natürlich auch.

Manche Qualitätsmerkmale erkennen Sie auf einen Blick, vor allem, wenn zu den Speisen Nährstoffangaben – ein weiterer Pluspunkt – gemacht werden. Manches muss genauer geprüft werden. Besorgen Sie sich deshalb einen Speiseplan für eine Woche und checken Sie ihn durch. Ein Probe-Essen gehört mit zum Kantinentest. Und scheuen Sie sich nicht, mal nachzufragen, welche Fertigprodukte (zum Beispiel Soßen) verwendet werden oder ob mit Jodsalz gesalzen wird.

Wichtig sind ebenfalls Informationen über das Verpflegungssystem (im Kapitel „Grundschule: lernen, leben, Mittagessen“ finden Sie Hinweise über die verschiedenen Möglichkeiten → Seite 22).

Und was ist, wenn die Kantine sich als Flop erweist? Und Sie bzw. Ihre Kinder trotzdem darauf angewiesen sind, dort zu essen? Dann ist es wichtig, bei den anderen Mahlzeiten für Ausgleich zu sorgen. Ein großer Salat oder eine Gemüserohkost sollte dann Hauptbestandteil des Abendessens sein und Obst, Vollkornbrot und Milchprodukte zu jeder Mahlzeit gereicht werden. Geizen Sie mit Fett und Salz, wo immer es geht. Aber gehen Sie verschwenderisch mit frischen Kräutern aller Art um: Petersilie über die Kartoffeln, Schnittlauch an den Quark, Basilikum an die Tomaten, Kresse über das Gemüse und so weiter.

Geben Sie reichlich Sprossen und Kerne (z. B. Sonnenblumen- und Kürbiskerne) ans Essen. Mungobohnensprossen schmecken in Salaten, Kerne machen Aufläufe und Gemüsegerichte knackiger. Beides steigert die Qualität ohne jeden Zeitaufwand. Geben Sie Ihren Kindern zwischendurch mal ein Glas Saft mit Wasser gemischt, ein Glas Milch oder ein Stück Obst. Und belasten Sie sich nicht zusätzlich zu der Arbeit und zu den Pflichten, die Sie haben, auch noch mit einem schlechten Gewissen. Wenn eine der fünf Mahlzeiten am Tag nicht allen Anforderungen entspricht, werden Ihre Kinder nicht gleich Ernährungsschäden bekommen.

Kantinen im Test

Reibekuchen mit Rucola-Chili-Quark, geschmorte Kaninchenkeule in leichtem Senffond. Das könnte auf der Speisekarte eines gehobenen Restaurants stehen oder auf dem Wochenplan einer Kantine. Auch wenn sich der Trend zur leichten, gesunden Küche längst noch nicht überall durchgesetzt hat – immer mehr Kantinen und Mensen rücken ab von Fleischbergen und Soßenseen und gehen zum Wohl ihrer Nutzer/innen neue Wege. Gäste sind in vielen Fällen willkommen. Sie zahlen zwar mehr als Mitarbeiter/innen oder Studierende, haben aber eine immer noch günstige Alternative zum Restaurant. Inzwischen kann man im Internet Kantinentests und -vergleiche finden.

Information:

- *Das Studentenmagazin **„Unicum“** lässt die Studierenden selbst testen. Anhand der Ergebnisse wird jährlich die „Mensa des Jahres“ gewählt (www.unicum.de).*

- *Zahlreiche Informationen bietet **www.diekantinen.de.** Hier findet man ein umfangreiches Verzeichnis öffentlicher Kantinen, alphabetisch geordnet nach Städten, mit Angaben über das Angebot, außerdem eine Liste der aktuellen Top Ten sowie ausführliche Tests einzelner Kantinen. Bisher wurden fast ausschließlich Berliner Betriebe getestet. Allerdings können alle mitmachen und mitbewerten.*

Lesetipp:

*Die Broschüre **„Qualitätsstandards für die Betriebsverpflegung“** gibt es kostenlos unter www.dge-projektservice.de*

Mütter helfen Müttern

„Martin-Luther-King-Park sucht Frauen. Der Martin-Luther-King-Park soll nicht nur schön werden. Wir möchten dort auch neue Wohnideen und Wohnprojekte realisieren. Eine Idee ist frauenfreundliches und generationsübergreifendes Wohnen. Alleinerziehende oder allein lebende Frauen verschiedenen Alters sollen zu Nachbarn werden, um sich gegenseitig zu helfen und zu unterstützen."

Diese ungewöhnliche Anzeige in der Mainzer Allgemeinen Zeitung, mit der 2- und 3-Zimmer-Wohnungen angeboten wurden, löste in der Stadt eine Lawine aus. 32 Wohneinheiten standen zur Verfügung. Fast 100 Bewerbungen gingen ein. Die Initiatorinnen des Projekts im rheinland-pfälzischen Ministerium für Kultur, Jugend, Familie und Frauen und im Frauenbüro der Stadt waren von diesem Erfolg völlig überrascht, handelten aber schnell. Sie sorgten dafür, dass zusätzlich zu ihrem Modell auf dem ehemals von US-Soldaten und ihren Familien bewohnten Gelände weitere Wohnhäuser für Frauen eingerichtet wurden. Auch Familien, die Interesse an der neuen Wohnidee hatten, waren willkommen.

Die neuen Mieterinnen konnten eigene Ideen für die Wohnungsgrundrisse und die Außengestaltung einbringen. Zusätzlich zu den Wohnungen gibt es ausreichend Spielflächen für die Kinder und Räume für die gemeinsame Nutzung. Was darin gemacht wird, welche gemeinsamen Pläne, welche Absprachen es gibt, das bleibt den Bewohnerinnen selbst überlassen. Eins war von Anfang an allen klar: Die Versorgung und Betreuung der Kinder sind keine Last mehr, die von einer Frau allein getragen werden muss.

Inzwischen sind mehr als zehn Jahre vergangen, seit die ersten Bewohnerinnen eingezogen sind, und nach wie vor ist das Projekt ein Erfolgsmodell. 41 Kinder und 38 Erwachsene wohnen dort. Es gibt ständig neue Interessierte, die sich auf eine Warteliste setzen lassen. Doch sie müssen Geduld haben, denn es wird selten eine Wohnung frei. Und das ist kein Wunder. In dieser Gemeinschaft finden alle ihren Platz und Hilfe, wenn es nötig ist. Ob es darum geht, die Kinder zur Schule zu bringen, ihnen bei den Hausaufgaben zu helfen oder sie bei einer Krankheit zu versorgen. Keine Frage, dass das auch beim Thema Ernährung funktioniert: Irgendjemand hat immer genug gekocht.

Information:

Das Projekt Martin-Luther-King-Park wird vom Projektträger, der Wohnbau Mainz GmbH, organisiert und begleitet. Weitere Informationen gibt es im Internet unter der Adresse www.wohnprojekte-portal.de, Stichwort „Wohnen für Alleinerziehende und Familien“.

Mütter im Zentrum

Nachbarschaftshilfe – wo gibt es das heute noch? Vor allem in den Städten ist es eher selten geworden, dass Nachbarn füreinander da sind. Eine zeitgemäße Form dieser traditionellen Kontaktpflege sind die Mütterzentren, offene Treffpunkte für Frauen mit und ohne Kinder. Die Idee entstand im Rahmen eines Forschungsprojekts des Deutschen Jugendinstituts und war überaus erfolgreich. Über 400 Mütterzentren sind inzwischen über ganz Deutschland verteilt und immer neue kommen hinzu. Diese Zentren sind viel mehr als ein Treffpunkt, der den ganzen Tag geöffnet ist. Hier kommen Frauen zusammen, um zu arbeiten und sich zu entspannen. Um gemeinsam Neues zu lernen und eigene Erfahrungen an andere weiterzugeben. Die Kinder sind selbstverständlich immer dabei.

Was in einem Mütterzentrum geschieht, bestimmen ausschließlich die Nutzerinnen. Sie können die vorhandenen Angebote annehmen, neue Angebote, die ihren Bedürfnissen entsprechen, anregen, aber auch selbst gegen ein Honorar Kurse und Dienstleistungen anbieten. Von der Kindertagesstätte bis zum Naturkostladen, vom Kabarett bis zur Tagesmüttervermittlung ist alles schon in einem der Zentren verwirklicht worden. Fast schon selbstverständlich: In vielen Mütterzentren wird mittags gekocht, häufig nach den Anforderungen einer gesunden, vollwertigen Ernährung. Und wo es noch kein solches Angebot gibt, kann das geändert werden, sobald eine Frau den Wunsch danach äußert oder sich selbst – gegen Bezahlung – für andere an den Herd stellt.

Information:

- *Der **Bundesverband der Mütterzentren** übersendet auf Wunsch eine Aufstellung der wichtigsten Kontaktadressen für Mütter, die unter anderem viele Adressen von Mütterzentren enthält. Die Anschrift: Bundesverband der Mütterzentren e. V., Müggenkampstr. 30 a, 20257 Hamburg, Tel.: 0 40/40 1706 06, Fax: 0 40/4 90 38 26, www.muetterzentren-bv.de, E-Mail: info@muetterzentren-bv.de.*

- *Im **„Handbuch für Mütter- und Familienzentren in Bayern“** steht alles, was für die Gründung, Arbeit und Führung eines Mütterzentrums wichtig ist, und zwar nicht nur in Bayern, sondern bundesweit. Es ist erhältlich beim Netzwerk Mütter- und Familienzentren in Bayern e. V., Allacher Straße 128, 80997 München, Tel.: 0 89/14 95 90 38,
Fax: 0 89/14 34 86 79, www.muetterzentren-in-bayern.de, E-Mail: info@muetterzentren-in-bayern.de.*

Allein erziehen – zusammen wohnen

Mit anderen alleinerziehenden Frauen oder Männern zusammen zu wohnen, kann den Alltag sehr vereinfachen und die Kosten senken. Damit das Wohnprojekt im Kleinen klappt, sind drei Voraussetzungen wichtig: Mitbewohner/innen, die zueinander passen, eine ausreichend große Wohnung und klare Absprachen. Wenn sich aus dem Freundes- und Bekanntenkreis kein Interesse oder Bedarf an einer solchen Wohngemeinschaft ergibt, kann eine Anzeige der erste Schritt sein. Vor allem in Stadtmagazinen sind unter dem Stichwort „Wohnen" häufig Anzeigen von Menschen abgedruckt, die Wohnpartnerschaften suchen oder einen Platz in einer bestehenden Wohn- oder Hausgemeinschaft anbieten. Hier kann auch eine ganz nach den eigenen Wünschen formulierte Anzeige aufgegeben werden. Auch bei den Orts- und Landesverbänden des Verbandes alleinerziehender Mütter und Väter kann man Suchenden eventuell andere Alleinerziehende vermitteln, die ebenfalls Mitbewohnerinnen und Mitbewohner suchen.

Information:

*In vielen größeren Städten gibt es inzwischen **Wohnprojekte, unter anderem für Alleinerziehende**. Informationen darüber haben die Frauenbüros bzw. die Frauenbeauftragten in den Städten. Bei der Bundesgeschäftsstelle des Verbandes alleinerziehender Mütter und Väter (VAMV) können Sie eine **bundesweite Liste solcher Wohnprojekte** anfordern, und zwar unter Tel.: 0 30/6 95 97 86.*

„Care-Sharing"

„Care-Sharing" ist eine Form gemeinsamer Kinderbetreuung, bei der keine Kosten entstehen und auch ungewöhnliche Arbeitszeiten abgedeckt werden können. Dabei wechseln sich zwei Familien bei der Betreuung der Kinder ab. So können passende Partner gefunden werden:

- durch Mund-zu-Mund-Propaganda im Freundeskreis oder in der Nachbarschaft.
- durch eine Kleinanzeige oder einen Aushang im Supermarkt. Viele der großen Märkte haben eine Stellwand oder eine Säule als Info-Börse aufgestellt. In den Text gehören neben der Anfrage „Wer hat Interesse an wechselnder, gegenseitiger Kinderbetreuung?" folgende Angaben: Telefonnummer, Stadtteil, Alter des Kindes/der Kinder.
- durch die Suche im Betrieb. Hier können ein Aushang oder der Betriebsrat weiterhelfen.
- durch Fragen in Schule und Kindergarten. Das kann entweder auf dem Elternabend geschehen oder durch einen Brief an andere Eltern.

Tagesmutter oder Kinderfrau

Noch immer sind Tagesmutter oder Kinderfrau unverzichtbar, gerade wenn es um die Versorgung von Kleinkindern geht. Bei ihnen wachsen die Kinder in einer familiären Atmosphäre auf oder werden sogar – durch die Kinderfrau – in der eigenen Wohnung betreut. Über wichtige Erziehungsfragen, wie zum Beispiel die Ernährung, sollte Einigkeit herrschen, damit die Beziehung funktioniert. Eine Tagesmutter finden Sie über einen Tagesmütter-Verein, Anzeigen oder das örtliche Jugendamt, eine Kinderfrau hauptsächlich durch eigene Suche (Anzeige, Kontakte).

Die Betreuung durch eine Tagesmutter wird von öffentlicher Seite durch Zahlungen der Kommunen gefördert. Allerdings gibt es bisher keine einheitlichen Regelungen. Sowohl die Zuständigkeiten als auch die Höhe der Zuschüsse können von Ort zu Ort unterschiedlich sein. Erster Ansprechpartner für Eltern ist in jedem Fall das Jugendamt.

Information:
Bundesverband für Kindertagespflege e. V., Moerser Straße 25, 47798 Krefeld, Tel.: 0 21 51/15 41 59-0, Fax: 0 21 51/15 41 59-1, www.tagesmuetter-bundesverband.de, E-Mail: info@bvktp.de.

Das Essen kommt ins Haus

Alle, die nach einem anstrengenden Arbeitstag zu Hause noch Kinder versorgen, haben diesen Satz schon einmal gedacht: „Wenn ich jetzt bloß nicht noch kochen müsste!“.

Was wäre das schön: nach Hause kommen und erst einmal die Füße hochlegen oder mit den Kindern in Ruhe einen Tee trinken, während eine gute Fee das Essen zubereitet und den Tisch deckt. Doch leider sind Märchenfeen heute dünn gesät. Ihre Rolle haben zahlreiche kleine Unternehmen übernommen, die Pizza, Pommes oder Peking-Food ins Haus bringen. Abgesehen davon, dass solche Dienste nicht gerade billig sind – unter 5 Euro pro

Person ist kaum etwas zu haben –, ist das Essen meist nicht empfehlenswert. Das größte Manko ist der enorme Fettgehalt der Gerichte. Eine Salami-Pizza deckt schon fast den Tagesbedarf. Selbst wenn Salate angeboten werden, ist Hinschauen angesagt. Hauptbestandteil ist häufig wässriger Eisbergsalat, zugeschüttet mit einer dicken, undefinierbaren Soße.

Was können Sie tun?

- Es gibt Restaurants oder Partyservices, die Essen ins Haus liefern. Wer Bio-Restaurants oder Imbisse in der Nähe hat, sollte nachfragen, ob es dort einen solchen Service gibt.

- Fast überall gibt es inzwischen die Möglichkeit, sich Essen ins Haus liefern zu lassen. Bekannt ist das Angebot unter dem Stichwort „Essen auf Rädern“. Es wird häufig von Wohlfahrtsverbänden organisiert, z. B. der Arbeiterwohlfahrt oder den Johannitern. Das Essen ist bei einigen Anbietern nicht mehr ausschließlich auf die Bedürfnisse älterer Menschen abgestellt, wird jedoch nur mittags ausgefahren. Häufig wird es lange warm gehalten und büßt dadurch an Qualität ein. Trotzdem: Bei Krankheit oder in anderen Notfällen kann so ein Angebot eine große Hilfe sein. Einfach mal nachfragen! Die Altenreferate der Städte und Gemeinden können Auskunft über die Anbieter geben. Auch auf der Internetseite der DEHOGA, des Verbands der internationalen Caterer in Deutschland, findet man nützliche Informationen (www.dehoga-bundesverband.de). Dort gibt es beispielsweise Links zu großen Caterern, die wiederum regional gegliedert Institutionen benennen, mit denen sie zusammenarbeiten.

- Es gibt auch private Firmen, die sich am System „Essen auf Rädern“ beteiligen. Deren Namen sind ebenfalls bei der Altenhilfe erhältlich. Einige davon bieten ihre Dienste allgemein an. Adressen und Telefonnummern stehen in den „Gelben Seiten“ der Telefonbücher unter den Stichworten „Fernverpflegung“ oder „Menü“. Allerdings sind dort auch die Firmen aufgeführt, die nur in großem Maßstab an Kantinen oder Betriebe liefern. Wenn Sie einen solchen Service für sich suchen, müssen Sie also zunächst einmal geduldig herumtelefonieren. Das Essen wird entweder heiß oder tiefgefroren gebracht. Auch wenn das Aufwärmen etwas Arbeit macht, hat das gefrorene Essen den Vorteil, dass es frischer ist. Das warme Essen wird dagegen oft über mehrere Stunden warm gehalten und verliert dadurch an Qualität. Die Firmen für „Essen auf Rädern“ liefern bisher ebenfalls nur mittags.

- Der Trend zum schnellen Essen hat in den vergangenen Jahren zugenommen und damit die Vielfalt und Qualität des Angebots. Selbst in Metzgereien gibt es immer häufiger schmackhafte und – man glaubt es kaum – auch vegetarische Angebote. Ein Gemüseauflauf, ein großer Salat, das kann man auf dem Weg von der Arbeit nach Hause gelegentlich gut verpackt mitnehmen.

- Obwohl es noch immer rar ist: Manche Bringdienste liefern gutes oder sogar vollwertiges Essen. Eine Anbieterin in Bonn hat sich beispielsweise auf Eintöpfe spezialisiert. Wöchentlich wechselnd gibt es saisonale Gerichte, die geliefert oder abgeholt werden können. Wer vor Ort im Steh-Restaurant isst, bekommt das Mineralwasser gratis dazu. Wenn Sie eine gute Adresse haben, rahmen Sie sie ein und hängen Sie sie über Ihr Telefon. Noch besser: Weitersagen, denn solche Beispiele müssen bekannt werden.

- „Abwechselnd kochen – gemeinsam essen“: Unter diesem Motto können Sie eine private Initiative starten. Tun Sie sich mit Freunden oder Nachbarn zusammen, die in einer ähnlichen Situation sind. Mal kocht der eine, mal die andere. Wie oft und bei wem das geschieht, ist ebenso eine Sache der Absprache wie der Einkauf oder die Auswahl der Gerichte. Mit einer solchen Koch-Koop(erative) sparen Sie nicht nur Zeit und Geld – Sie haben auch noch Spaß dabei!

Selbst ist das Kind

Irgendwann ist Schluss mit Kinderhort und Babysitter. „Ich bin doch kein kleines Kind mehr“, sagt das große Kind und meint damit, dass es sich sehr wohl nach der Schule allein zu Hause versorgen kann. Wenn es zu diesem Zeitpunkt etwa zwölf Jahre alt ist, dann ist dagegen auch nichts einzuwenden. Schön wäre allerdings, wenn das Kind nicht ganz allein wäre. Sind keine Geschwister im passenden Alter da (älter oder nicht viel jünger), gibt es vielleicht ein anderes Kind in der Schule oder in der Nachbarschaft, das in derselben Situation ist. Zu zweit macht Selbstversorgung erheblich mehr Spaß. Es gibt mehrere Möglichkeiten, die Aktion zu organisieren.

Mutter oder Vater kochen vorher

Die Kinder bekommen einen Grundkurs für die Bedienung der Geräte und müssen sich das Essen nur noch auf dem Herd oder in der Mikrowelle aufwärmen.

Vorteile: Die Eltern behalten den Überblick über das, was die Kinder essen. Sie können so planen und organisieren, wie es ihnen zeitlich am besten passt.

Nachteile: Beim Aufbewahren und Aufwärmen des Essens gehen Nährstoffe verloren. Rohkost und Salate kommen zu kurz. Und schließlich: Aufgewärmtes ist für die meisten Kinder nicht immer der Bringer.

Mittags gibt's ein Butterbrot ... abends wird gemeinsam warm gegessen

Vorteile: Der Aufwand ist von den Kindern leicht allein zu bewältigen. Die Mahlzeit am Abend wird frisch zubereitet. Sie ist der Höhepunkt des Tages, an dem man zusammensitzt, den Tag bespricht, zur Ruhe kommt.

Nachteile: Jeden Abend der gleiche Stress! Nach der Arbeit muss erst einmal eine warme Mahlzeit gekocht werden. Außerdem sind Butterbrote nach einem langen Schulvormittag nicht unbedingt zufriedenstellend.

Das Essen kommt ins Haus

Welche Möglichkeiten es gibt, Mahlzeiten liefern zu lassen, wurde im vorherigen Kapitel besprochen.

Vorteile: Wenn der Service zuverlässig und vertrauenswürdig ist – das Essen kommt pünktlich, es schmeckt und hat eine gute Qualität – und wenn auch noch der Preis stimmt, dann ist das eine gute Lösung.

Nachteile: Die Kinder müssen einem Fremden die Tür öffnen. Sinnvoll ist deshalb eine gute Sicherheitsvorrichtung an der Tür oder ein freundlicher Nachbar bzw. eine Nachbarin, die das Essen entgegennehmen. Ein weiterer Nachteil: Leider sind Bringdienste wie der oben charakterisierte noch selten. Und die überall präsenten Pizza-Dienste können im Rahmen einer gesunden Ernährung nicht empfohlen werden.

Die Kinder kochen selber

Vorteile: Das fördert die Selbstständigkeit – besonders, wenn zum Kochen Planen und Einkaufen gehören. Selbst kochen bringt Erfolgserlebnisse und macht Spaß, vor allem, wenn mehr als ein Kind beteiligt ist. Hinweise, welche Tätigkeiten in welchem Alter durchaus zumutbar sind, finden Sie im folgenden Kapitel, Rezepte und Infos ab Seite 94.

Nachteile: Gleich nach der Schule an den Herd – das ist manchmal so, als wenn Sie nach einem stressigen Arbeitstag noch den Hausputz vor sich hätten. Für besonders anstrengende Schultage, z. B. nach Klassenarbeiten, sollte deshalb eine andere Lösung zur Versorgung gewählt werden. Außerdem ist zu berücksichtigen: Kinder kommen schon hungrig aus der Schule. Ein Joghurt, ein Müsli oder Vollkorn-Zwieback für den ersten Hunger sollten deshalb bereitstehen.

Fit für die Küche

Während Ihr Kind allein zu Hause kocht, sitzen Sie im Büro. Ihre Gedanken kreisen um den heimischen Herd: Jetzt schüttet Julia gerade die Nudeln ab. Hoffentlich verbrennt sie sich nicht dabei. Hoffentlich gießt sie nicht zu viel Essig an den Salat. Hoffentlich denkt sie daran, den Herd auszuschalten ... Da das weder Ihnen noch Ihrer Arbeit bekommt und auch den Kindern Ihre ständig besorgte Miene auf die Nerven geht, sollten Sie Ihre Kinder von klein auf fit für die Küche machen. Kinder halten sich dort sehr gern auf und helfen gern mit, wenn sie nicht nur die lästigen Arbeiten aufgedrückt bekommen („Bring mal den Müll raus.").

Weit verbreitet ist die Meinung, dass man am besten schnell kocht, während die Kinder nicht dabei sind. Mit dem Ergebnis, dass sie dann dauernd in der Küche herumstehen und beschäftigt werden wollen. Da ist es doch besser, sie gleich mit einzubeziehen und aus der unumgänglichen Nahrungszubereitung eine gemeinsame Beschäftigung zu machen.

Viele Eltern haben Angst, ihre Kinder könnten sich in der Küche verletzen. Es stimmt: Richtig kochen geht nur mit scharfen Messern, spitzen Gabeln und Rohkostraspeln, an denen man sich wehtun kann. Aber wie sollen Kinder jemals lernen, damit umzugehen, wenn sie nicht von klein auf behutsam angeleitet werden? Das verringert übrigens auch die Gefahr, dass sie in einem unbewachten Moment allein mit dem interessanten Gerät herumspielen.

Natürlich ist es wichtig zu wissen, was Kinder in welchem Alter schon können. Deshalb gibt es hier eine kleine Übersicht, die nicht wie eine Gebrauchsanweisung befolgt werden soll, sondern nur Anhaltswerte liefert. Denn jedes Kind entwickelt sich anders. Das eine ist schon ein großer Schnibbler, während das andere noch hingerissen im Quark herumrührt.

Tipp

Wenn Ihr Kind schon größer ist, aber bisher noch keine Übung beim Kochen hat, dann können Sie das Programm der vorangegangenen Jahre im Schnelldurchgang erarbeiten. Denn viele manuelle Fähigkeiten sind ja schon durch andere Beschäftigungen entwickelt. Ein Beispiel: Sie müssen einem achtjährigen Kind nicht mehr die Hand führen, wenn es ein scharfes Messer benutzt. Es reicht, wenn Sie ihm zeigen, wie Kartoffeln geschält werden, und sich dann ansehen, wie es die Aufgabe bewältigt.

Check ✓ Was kann Ihr Kind in der Küche?

1 Jahr: Die Kinder halten sich gern in der Nähe ihrer Eltern auf, also auch in der Küche. Schubladen üben einen unwiderstehlichen Reiz aus. Richten Sie eine untere Schublade, ein Fach im Küchenschrank oder ein Regal mit Küchengeräten für das Kind ein. Holzbretter, Schneebesen, Kochlöffel, Töpfe und Plastikschüsseln sind wunderbare Spielzeuge.

1½ Jahre: Die Kinder fangen an zu „kochen". Geben Sie ihnen ein paar Haferflocken, Rosinen, Brotbröckchen oder etwas anderes, das sie problemlos essen dürfen. In einer Plastikschüssel können sie daraus mittels eines Holzlöffels etwas zusammenmatschen. Freuen Sie sich, wenn Sie hinterher damit gefüttert werden.

2 Jahre: Brote schmieren, beim Plätzchenbacken helfen, eine Quarkspeise zusammenrühren – alles das beginnen Kinder jetzt zu lernen. Lassen Sie sie möglichst viel allein machen, z. B. beim Plätzchenbacken ein eigenes Stück Teig verarbeiten.

3 Jahre: Während Sie die Kartoffeln schälen, schält Ihr Kind mit viel Akribie seine eigene Kartoffel, zunächst mit einem stumpfen Messer. Auch der Kartoffelschäler darf schon einmal ausprobiert werden. Gemüse putzen macht Spaß: Erbsen pulen, Rosenkohl säubern, Salat zerpflücken – all das kann das Kind schon. Vorsicht ist noch angesagt bei unhandlichem Gemüse wie Kohlrabi. Machen Sie Ihr Kind allmählich mit schärferen Messern vertraut: Wie werden sie in der Hand gehalten, wo sind sie scharf? Wie müssen sie angesetzt werden? In Ihrem Beisein darf das Kind auf einem Brett mit dem scharfen Messer Gemüsesorten schneiden, die es gut festhalten kann und die nicht sehr hart sind, z. B. Zucchini. Halten Sie dabei zum Üben zunächst seine Hand.

4 Jahre: Die Frühstückmacher sind am Werk. Mit Ausnahme des heißen Wassers für Tee oder Kaffee und der Brotmaschine können Sie die erste Mahlzeit des Tages komplett dem Kind überlassen. Wenn eine Bäckerei auf derselben Straßenseite ist, holen Vierjährige auch schon allein Brötchen.

5 Jahre: Der Herd lockt. Mit ganz wenig Hilfe (und ganz wenig Fett) backen die Kinder ihren ersten Pfannkuchen oder ein Rührei. Den Salat dazu stellen sie inklusive Salatsoße allein her. Wenn es dazu noch ein Butterbrot gibt, dann hat das Kind zum ersten Mal allein eine Mahlzeit gekocht.

6 Jahre: Mit dem Eintritt in die Schule eröffnen sich völlig neue Küchenwelten. Die Kinder lernen lesen und rechnen. Dadurch sind sie zunehmend imstande, zuerst mit Anleitung, dann allein kleine Einkäufe zu machen. Sehr beliebt in diesem Alter: Restaurant spielen. Die Kinder schreiben Speisekarten, decken die Tische und bereiten natürlich auch die Gerichte zu, die sie servieren. Sammeln Sie zusammen mit den Kindern Rezepte, die sich zum Nachkochen eignen, in einem Ringbuch.

8 Jahre: Jetzt kommen die letzten Lektionen. Die Bedienung der Brotmaschine (mit Fingerschutz) gehört dazu. Auch der sorgfältige Umgang mit kochendem Wasser und heißem Fett kann unter Anleitung geprobt werden. Übertragen Sie jetzt schon von Zeit zu Zeit oder regelmäßig Ihrem Kind die Verantwortung für eine Mahlzeit.

Was hilft zuhause im Alltag?

Keine noch so gute Versorgung außer Haus kann das gemeinsame Essen in der Familie ersetzen. Neue Untersuchungen belegen, dass sich die meisten Familien mindestens zu einer Mahlzeit gemeinsam an den Tisch setzen, eine Tradition, die sich sehr positiv auf die allgemeine Entwicklung der Kinder auswirkt. Damit sie auch in unserer schnelllebigen Zeit weiter gepflegt werden kann, enthält dieser Teil des Ratgebers zahlreiche Informationen zur zeitsparenden Organisation des modernen Haushalts.

Ohne Planung geht es nicht

Wochenpläne sind lästig. Da hat man gerade mal ein bisschen Zeit für sich und soll sich stattdessen überlegen, was in den folgenden Tagen auf den Tisch kommt und was dafür eingekauft werden muss. Doch die unangenehme Planung ist in der Folgezeit äußerst hilfreich. Sieben Tage lang muss nicht mehr überlegt werden: „Was koche ich morgen?“.

Alles steht fest und die meisten Zutaten sind schon im Haus. Küchenplan und Einkaufszettel werden am besten zusammen gemacht. Das ist ein Aufwasch. Folgende Überlegungen helfen bei der Planung.

Vorratshaltung

Ganz egal, was auf den Tisch kommt – einige Grundnahrungsmittel müssen immer im Haus sein. Leider ist in den meisten Wohnungen kein Platz für eine richtige Vorratshaltung (z. B. Kartoffeln einkellern). Aber das Wichtigste passt auch in kleine Küchen. Nützlich sind eine Schiefertafel oder ein Abreißblock, gut sichtbar angebracht, worauf notiert wird, was eingekauft werden muss.

- **Das gehört in Küche und Keller:**
  Kartoffeln, Vollkornnudeln, Naturreis, Getreideflocken, Essig, Öl, Zwiebeln, Knoblauch, Salz, Pfeffer, getrocknete Gewürze und Kräuter, Vollkornmehl, pürierte Tomaten und Tomaten in Stücken, Tomatenmark, Rosinen, Mineralwasser, Tee, Obstsaft, Konfitüre, Honig, Zwieback, Knäckebrot, Senf, Kerne, Nüsse, Zucker, Instant-Gemüsebrühe, Margarine

- **Das gehört in die Tiefkühltruhe:**
  Vollkornbrot, zwei bis drei Sorten Gemüse, je ein bis zwei Pakete Fisch und Fleisch, zwei Pakete Butter, einige Päckchen mit Kräutern (Petersilie, Schnittlauch)

- **Das wird wöchentlich gekauft:**
  Eier, Käse, Joghurt, Quark, Butter, süße und saure Sahne, Schmand, Crème fraîche

- **Das muss zwischendurch gekauft werden:**
  Salat, Gemüse, Kräuter, Obst, Milch, Brot, Fisch, Fleisch

Tipp

Chaosrezepte einplanen

In einem Haushalt mit Kindern, in dem die Eltern berufstätig sind, lauert das Chaos. Überraschender Besuch, Überstunden im Büro, Krankheit oder die einfache Tatsache, dass man vergessen hat, Salat einzukaufen, können die ganze schöne Planung über den Haufen werfen. In diesen Fällen sind die Chaosrezepte das kulinarische Netz, in das sich alle fallenlassen können. Sie bestehen aus Zutaten, die immer im Haus sind, und lassen sich ganz schnell zubereiten. Beispiele finden Sie im Rezeptteil (→ ab Seite 94). Die Rezepte sind als besonders schnell in der Zubereitung gekennzeichnet.

Der Einkauf

Die geänderten Ladenöffnungszeiten machen es möglich: Der Großeinkauf am Samstag gehört der Vergangenheit an. Ein günstiger Einkaufstag ist der Donnerstag. Dann haben Sie für das Wochenende alles beisammen. Wo Sie einkaufen, hängt natürlich von Ihren Vorlieben ab. Es ist jedoch günstig, nicht nur in der eigenen Wohngegend nach Geschäften zu suchen.

In der Nähe des Arbeitsplatzes gibt es vielleicht ein Lädchen, in dem Sie in der Mittagspause schnell etwas kaufen können, das Sie vergessen haben.

Wenn Sie mit dem Fahrrad oder dem Auto zur Arbeit fahren, können Sie auf dem Heimweg anhalten. Sogar ein kleiner Umweg kann sich lohnen, wenn auf diese Weise noch gutes Brot oder frischer Salat erhältlich sind.

In der Nähe von Freunden, Großeltern oder der Tagesmutter einzukaufen, hat den Vorteil, dass die Kinder nicht mitgenommen werden müssen. Sollte es nicht zu vermeiden sein, dann befolgen Sie unser Regelwerk für den Einkauf mit Kindern (→ Tipp).

Manches können Sie ins Haus liefern lassen. So bieten viele Bio-Läden oder Bio-Bauern ein Gemüse-Abonnement an. Einmal in der Woche kommt die Kiste mit Gemüse der Saison ins Haus. Getränke werden überall von Getränke-Märkten gebracht. Der in der Regel etwas höhere Preis relativiert sich durch eingesparte Zeit und geringeren Aufwand. Mit einem entsprechenden Gerät können Sie sprudelndes Wasser leicht selbst herstellen. Mit Fruchtsäften vermischt haben Sie erfrischende Getränke.

Nur für die eigene Familie einzukaufen ist dann Zeitverschwendung, wenn Sie in der Nachbarschaft oder im Freundeskreis Menschen haben oder finden, mit denen Sie sich beim Einkauf für alle abwechseln können.

Tipp Hinweise für den Einkauf mit Kindern

- Gehen Sie ohne Ihre Kinder einkaufen, zumindest wenn die Kleinen zwischen 1 und 6 Jahre alt sind. Es kann der reinste Horror sein: Die Hampelei im Sitz des Einkaufswagens, der Slalomlauf an überflüssigen Kinderprodukten vorbei und als Krönung das Gequengel an der Kasse – nein, keine Schokolade, auch nicht ein winziges Stück. Tun Sie sich das wenigstens beim Wocheneinkauf nicht an, sondern überlassen Sie die Kinder für zwei Stunden Freunden, Großeltern oder Nachbarn.

- Gehen Sie nie mit knurrendem Magen und nur mit satten Kindern einkaufen, sonst haben Sie hinterher zu viel im Korb, was Sie gar nicht brauchen.

- Gehen Sie – wann immer möglich – dann einkaufen, wenn die Geschäfte leer sind. Die Konflikte werden dadurch zwar nicht weniger, aber es geht schneller.

- Lassen Sie die Kinder beim Einkaufen helfen. Schon Dreijährige können einige Dinge aussuchen und bezahlen oder beim Packen aufs Band helfen. Die Süßigkeiten an der Kasse sind dann auf einmal weniger interessant.

- Drücken Sie Ihren Kindern etwas zu essen in die Hand, bevor Sie ein Lebensmittelgeschäft betreten. Das sättigt nicht nur, es lenkt auch ab.

- Beteiligen Sie die Kinder an der Wochenplanung und damit auch an der Zusammenstellung des Einkaufszettels. Wer die eigenen Wünsche berücksichtigt sieht, muss keine Machtkämpfe austragen.

- Wenn es gar nicht anders geht: Gestatten Sie den Kindern, sich eine (aber nur eine!) Süßigkeit auszusuchen.

- Machen Sie ein Fest aus dem Einkauf! Am Wochenende, wenn die Zeit mal nicht knapp ist, bietet ein Wochenmarkt dazu die Gelegenheit. Schwelgen Sie mit Ihren Kindern in Farben und Gerüchen. Kaufen Sie die samtigsten Pfirsiche, den knackigsten Salat. Und erinnern Sie sich daran, dass Einkaufen nicht nur mit Stress zu tun hat, sondern auch mit Sinnlichkeit und der Vorfreude auf ein gutes Essen.

Wer hat sich nicht schon oft geärgert, weil nach Feierabend kein gutes Brot mehr zu bekommen war. Der einfache Ausweg: tagsüber vorbestellen und auf dem Heimweg abholen. Die Telefonnummer Ihres Bäckers, Ihres Metzgers, Ihres Gemüsehändlers sollten Sie immer bei sich haben.

Wochenplan und Einkaufszettel

Eltern und Kinder haben ihre Lieblingsgerichte. Deshalb gibt es an dieser Stelle nur ein paar Vorschläge:

- **Für zwei Tage kochen:**
  Grundsätzlich sollte ein Gericht eingeplant werden, das sich gut einfrieren lässt, zum Beispiel eine sättigende Suppe. Irgendwann im Lauf der (nächsten) Woche(n) werden Sie gern danach greifen. Rezepte für geeignete Gerichte finden Sie im Rezeptteil (⇢ Seite 94 ff). Sie sind als gefriergeeignet ausgewiesen.

- **Lagerzeiten von Gemüse berücksichtigen:**
  Natürlich ist es am besten, Gemüse gartenfrisch auf den Tisch zu bringen, denn durch Lagerung gehen Vitamine verloren. In der Praxis lässt sich das nicht immer durchführen. Deshalb ist es wichtig zu wissen, wie lange einzelne Gemüse im Gemüsefach des Kühlschranks aufbewahrt werden können.

- **Alternativen zu frischem Gemüse:**
  Für alle Fälle sollten Sie immer Alternativen zu frischem Gemüse im Haus haben. Geeignet sind vor allem Sauerkraut, Hülsenfrüchte und Tiefkühlkost. Sprossen liefern ebenfalls reichlich Vitamine, sind aber nicht lange haltbar.

- **Zusatzeinkäufe mitplanen:**
  Vor allem gegen Wochenende wird es nötig sein, einen Salat oder etwas anderes zusätzlich einzukaufen. Planen Sie bei der Zusammenstellung des Küchenzettels diese Einkäufe mit ein.

Übersicht Lagerzeiten von Gemüse

2–3 Tage: Artischocken, Blattmangold (im Plastikbeutel), Brokkoli, Champignons, Endivie, Grünkohl, Gurken, Kohlrabi, Rosenkohl, Spargel (in feuchte Tücher gewickelt), Spitzkohl

4 bis 6 Tage: Auberginen, Blumenkohl, Chicorée (in feuchtes Papier gewickelt), Mais, Möhren, Paprikaschoten, Tomaten (nicht im Gemüsefach, sondern bei Raumtemperatur), Wirsing

längere Lagerung möglich: Chinakohl (angeschnitten 1 Woche, sonst länger), dicke Bohnen (bis zu 3 Wochen), Eisbergsalat (1 Woche), Fenchel (gut 1 Woche), Porree (1 Woche), Rote Bete (3 bis 4 Wochen), Rotkohl und Weißkohl (bis zu 14 Tagen, Schnittflächen mit Folie abdecken), Schwarzwurzeln (in Papier eingeschlagen 8 Tage), Knollensellerie und Staudensellerie (8 Tage), Zucchini (bis zu 12 Tagen) – nicht zur Lagerung geeignet sind Blattsalate, Spinat und Sprossen.

Vorbereitung ist die halbe Mahlzeit

Mit ein paar Handgriffen eine komplette Mahlzeit zaubern oder an den Kühlschrank gehen und einen fertigen, gesunden Imbiss herausholen – das ist der Traum aller Vielbeschäftigten. Das geht nicht immer, aber mit der richtigen Vorbereitung ist es wenigstens manchmal möglich. Hier sind die wichtigsten Tipps dazu.

Mahlzeiten teilweise vorbereiten

- Pellkartoffeln können am Abend für den nächsten Tag gekocht und gepellt werden. Sie werden dann zum Beispiel zu Bratkartoffeln oder Kartoffelsalat weiterverarbeitet.

- Polenta hält sich im Kühlschrank eine ganze Woche. Sie kann mit verschiedenen Zutaten lecker variiert werden.

- Salatsoße hält im Kühlschrank 3 bis 4 Tage. Sie wird im Schraubglas aufbewahrt und muss vor jeder Verwendung kräftig durchgeschüttelt werden.

- Rote-Bete-Salat kann bis zu einer Woche im Kühlschrank aufbewahrt werden. Im Supermarkt gibt es die gesunden Rüben auch vorgekocht und sofort verwendbar.

Check ✓ **Zeit sparen durch Ordnung**

- [ ] Vor dem Kochen alle Zutaten und Geräte zurechtstellen.
- [ ] Alle Zutaten, bei denen das nötig ist, unmittelbar nacheinander zerschneiden und zerkleinern.
- [ ] Mixer und Schneidstab sofort nach Gebrauch reinigen.
- [ ] Kräuter und Gewürze alphabetisch sortiert griffbereit halten. Das erspart die Sucherei.
- [ ] Den Mixer an einem sicheren Platz komplett zusammengesetzt aufbewahren. Noch besser ist ein fester Standort in Reichweite.

Kochen mit Tricks

- Kartoffeln werden in wenigen Minuten gar, wenn sie vorher in dünne Scheiben geschnitten wurden. Wenn größere Mengen benötigt werden, lassen sie sich gut mit der Brotmaschine klein schneiden (unbedingt Fingerschutz benutzen).

- Tiefkühlpackungen lassen sich leichter öffnen, wenn sie einen Moment in warmes Wasser gelegt werden.

- Tomaten, Mandeln u. a. lassen sich leicht abziehen, wenn sie mit kochendem Wasser überbrüht werden und eine Minute darin liegen bleiben.

- Pellkartoffeln lassen sich leichter schälen, wenn sie direkt nach dem Kochen mit kaltem Wasser abgeschreckt werden.

- Eiweiß wird schneller steif, wenn etwas Zitronensaft zugesetzt wird.

- Knoblauch wird zwar feiner, wenn er mit einem Messer und etwas Salz zerdrückt wird. Schneller geht das jedoch mit der Knoblauchpresse. Geben Sie die Zehen ungeschält hinein. So sparen Sie sich nicht nur das Schälen, die Presse ist auch einfacher zu reinigen.

- Sparschäler gibt es in unterschiedlichen Ausführungen auch für Linkshänder. Besonders schnell arbeiten Sie mit solchen, bei denen die Klinge quer zum Griff angebracht ist.

- Selbst gemachte Spätzle gehören zu den Lieblingsgerichten vieler Kinder. Sie müssen nicht mühsam vom Brett gehobelt werden, sondern lassen sich mit einem Spätzlehobel oder einer Spätzlereibe sehr schnell herstellen.

- Zwiebeln zum Kochen oder Braten können in größeren Mengen gedünstet oder geröstet werden. Sie halten in der Gefriertruhe sechs Monate.

- Käse bleibt leicht an der Reibe hängen. Wenn sie mit etwas Öl bepinselt wird, lässt sich der Käse besser reiben und die Reibe leichter reinigen.

- Salatsoße wird schnell cremig, wenn sie nicht mit dem Löffel gerührt, sondern mit dem Schneebesen geschlagen wird.

- Fleisch lässt sich leichter würfeln, wenn es vorher kurz angefroren wird.

- Große Pellkartoffeln garen schneller, wenn man sie vor dem Kochen mit der Gabel einsticht.

- Orangen und Zitronen lassen sich leichter auspressen und geben mehr Saft, wenn sie vorher mit der Hand kräftig auf dem Tisch gerollt werden.

- Zwiebeln lassen sich leichter schälen, wenn sie vorher kurz in lauwarmem Wasser eingeweicht werden.

Frühstück: 30 Minuten, die sich lohnen

Wenn Schulkinder auf Dauer weder frühstücken noch ein Pausenbrot haben, wirkt sich dies zwangsläufig auf die Leistung in und Lust an der Schule aus. Auf das, was ihre Kinder in der Schule essen oder auch nicht, haben Eltern nicht immer konkret Einfluss. Da bietet das Frühstück zu Hause die beste Gewähr für einen satten Tagesbeginn.

Tipp **Starthilfen fürs Frühstück**

- Am Abend vorher wird der Tisch mit Geschirr und Besteck gedeckt und mit allen anderen Zutaten, die nicht über Nacht gekühlt werden müssen.
- Wenige, aber gesunde Nahrungsmittel reichen für das tägliche Frühstück. Vollkornbrot oder -brötchen, etwas Käse, Joghurt und Obst, ausreichend Getränke wie Milch, Früchte- oder Kräutertee: Was nicht auf dem Tisch steht, muss auch nicht weggeräumt werden.
- Am schnellsten fertig ist man mit einem Müsli, das mit Milch oder Joghurt angerührt wird und in das etwas Obst der Saison geschnibbelt oder – noch schneller – unzerteilt gegeben wird (Blaubeeren, Himbeeren).
- Manche Fertigmüslis enthalten zu viel Zucker. Also beim Einkauf auf eine zuckerfreie Mischung achten. Oder selber zusammenstellen. Das kann einmal im Monat auf Vorrat geschehen. Vorschläge finden Sie im Rezeptteil (ab Seite 94).
- Obst immer direkt nach dem Einkauf waschen. Das erleichtert auch tagsüber den Griff in den Obstkorb.
- Im Winter sind ungeschwefelte Trockenfrüchte eine gute Alternative zum Frischobst. Sie werden am Vorabend in etwas Wasser eingeweicht und morgens klein geschnitten zum Müsli gegeben.

Das Frühstück ist nach wie vor die wichtigste Mahlzeit des Tages. Nach der langen, nahrungslosen Nacht sind die Reserven des Körpers aufgebraucht. Er lechzt nach Nachschub. Mit dem 1. und dem 2. Frühstück werden die Lücken gefüllt: Energie, Konzentration und Leistungsfähigkeit sind auf dem Höhepunkt. Darüber hinaus ist ein ruhiger Tagesbeginn die beste Voraussetzung für einen gelungenen Tag. Für diesen guten Start muss niemand kurz nach Mitternacht aufstehen. Mit ein paar Tricks lassen sich kostbare Minuten sparen. (→ Tipp)

Guter Rat für Frühstückskönner

Was ist, wenn ...

... Ihr Kind nach dem Aufstehen keinen Bissen herunterbekommt?
Es gibt sie, die Morgenmuffel, deren Magen noch weiterschläft, wenn sie schon aufgestanden sind. Zwang nützt hier wenig. Er verhindert höchstens, dass sich der Spaß am Frühstücken entwickeln kann. Ein Schüsselchen Joghurt mit Obstsaft verrührt, dazu eine Tasse Tee – das rutscht meistens doch. Auch eine Tasse Milch oder Kakao ist besser als gar nichts. Dafür fällt das Schulfrühstück üppiger aus. Wichtig: Auch die Milch sollte nicht beim Schuhebinden hinuntergestürzt werden. Zehn Minuten am Frühstückstisch sind das Minimum.

... Sie keine Zeit haben, morgens ein Schulfrühstück herzurichten?
Je knapper die Zeit, desto größer ist die Versuchung, dem Kind ein paar Euro in die Hand zu drücken, damit es sich auf dem Schulweg etwas zum Frühstücken kaufen kann. Dieser Falle können Sie entgehen, wenn Sie das Schulfrühstück am Abend vorher herrichten. Vollkornbrot dünn gebuttert und mit einem Salatblatt belegt, darauf Hartkäse wie Emmentaler oder Greyerzer, bleibt über Nacht ebenso frisch wie Äpfel oder Gemüsestückchen, wenn sie in einer Dose im Kühlschrank aufbewahrt werden.

... es sich nicht vermeiden lässt, dass Sie und Ihr Kind zu unterschiedlichen Zeiten frühstücken?
Die Gefahr, dass das Frühstück vernachlässigt wird, ist besonders groß, wenn Sie vor Ihrem Kind aus dem Haus gehen müssen. Dagegen hilft ein hübsches Tablett, auf dem das Frühstück angerichtet wird. Es wird neben das Bett oder auf den Essplatz gestellt, mit dem Müsli, dem Obst, dem Tee in der Warmhaltekanne und dem Schulbrot. Wenn dann noch ein liebevoller Gruß auf dem Tablett liegt, kann eigentlich nichts mehr schiefgehen.

Ernährung ist keine brotlose Kunst

Brot ist ein Stützpfeiler der gesunden Ernährung. Vor allem, wenn es sich um Vollkornbrot handelt und vorausgesetzt, dass der Belag nicht ausschließlich aus dick gestrichener Leberwurst besteht. Brot enthält zahlreiche wichtige Inhaltsstoffe und es schmeckt je nach Sorte und Zubereitung immer wieder anders. Weil sich Brot wie kaum ein anderes Nahrungsmittel für die schnelle Küche eignet, ist es höchste Zeit, sich anzuschauen, was Sie damit alles machen können. Denn es wäre doch zu schade, wenn Ihre Kinder Brot nur als dünn gebutterten Magenfüller zum Rohkostteller oder als Unterlage für Kräuterquark kennenlernen würden.

Es muss nicht immer Butter sein

Damit Ihnen die Einfälle nicht ausgehen, haben wir im Rezeptteil ein Aufstrich-ABC für Brotbeläge zusammengestellt, das mit Sicherheit einige neue Favoriten enthält, spätestens bei „N“ wie Nuss-Nougat-Creme. Aber vollwertig! (····› Seite 107)

Alles auf einem Brot

Smörrebröd – so heißen in Skandinavien Brot-Arrangements. Als Butterbrot – so die wörtliche Übersetzung – können diese Kunstwerke eigentlich nicht bezeichnet werden. Eher schon als Stillleben. Auf alle Fälle aber als hübsch anzusehendes komplettes Abendessen und als Beweis dafür, dass sich schnelle Küche und appetitliches Aussehen vereinbaren lassen. Die Grundlage ist immer ein Vollkornbrot. Darauf kommen etwas Butter und ein Salatblatt. Wie üppig und abwechslungsreich die Dekoration ausfallen kann, können Sie im Rezeptteil unter dem Stichwort „Smörrebröd“ entdecken (····› Seite 109).

Ein Toast auf die gesunde Ernährung

Keine Lust zum Kochen und trotzdem soll es etwas Warmes sein? Da ist ein überbackener Vollkorntoast gerade richtig. Mit einem grünen Salat wird eine komplette Mahlzeit daraus, von Kindern sehr geschätzt und außerdem ein Thema mit unendlich vielen Variationen. Im Rezeptteil finden Sie einige davon (····› Seite 194 f).

Brot kaufen oder selbst backen

Brot aus vollem Korn sollte es schon sein. Und das ist in guter Qualität und Auswahl fast überall nur im Bio-Laden bzw. in der Bio-Bäckerei erhältlich. In anderen Läden bekommt man manchmal auf die Frage nach einem Vollkornbrot die abenteuerlichsten Getreideprodukte angeboten.

Zwei Brote und einige Brötchen direkt nach dem Einkauf auf Vorrat einfrieren, damit ist wenigstens ein Teil des Problems bewältigt. Alternative: selber backen. Das dauert natürlich seine Zeit. Leichter geht es zumindest am Anfang mit fertigen Backmischungen. Manche Leute kommen auch mit einer Brotbackmaschine gut zurecht, in die die einzelnen Zutaten nur eingefüllt werden müssen. Alles andere – rühren, kneten, gehen lassen, backen – macht sie exakt und allein. Wer mit der Anschaffung eines solchen Geräts liebäugelt, sollte es vorher ausprobieren.

Bis Sie eine solche Gelegenheit finden, können Sie in einer ruhigen Stunde selbst backen. Das „Blitzbrot“ in der Backform (Rezept → Seite 104) macht nicht viel Arbeit: Sind die Zutaten erst einmal zusammengeknetet, geht die Hefe von allein. Den Rest erledigt der Backofen.

Tipp **Vollkornbrot selbst backen**

Vollkornbrot lässt sich besonders gut im Römertopf backen. Wegen der guten Hitzespeicherung fällt es nicht zusammen und gerät hoch und locker.

Lob der Tiefkühlkost

Tiefgekühlte Produkte werden in der Vollwert-Ernährung nicht empfohlen, wenn es sich um Fertiggerichte wie z. B. die heißgeliebte Pizza handelt. Tiefgekühltes Gemüse u. Ä. ohne weitere Zubereitung gilt als empfehlenswert. Die Begründung: Zwar sind solche Waren qualitativ einwandfrei. Aber um sie herzustellen und die Kühlkette aufrechtzuerhalten, wird sehr viel Energie verbraucht. Soweit die reine Lehre. In der Praxis erleichtern Tiefkühlprodukte die Arbeit sehr, wenn man trotz knapper Zeit eine gesunde, warme Mahlzeit auf den Tisch bringen will. Außerdem sind sie für die Vorratshaltung gut geeignet. Richten Sie sich bei der Zubereitung immer nach den Angaben der Hersteller. Zugreifen dürfen Sie vor allem bei Gemüse, Obst, Fleisch und Fisch.

Gemüse und Obst ohne weitere Verarbeitung

Diese Produkte werden direkt nach der Ernte eingefroren, sodass wichtige Vitamine weitgehend erhalten bleiben. Einige Pakete von den Sorten Ihrer Wahl sollten Sie immer vorrätig haben. Sehr zeitsparend, da das Putzen und Säubern entfällt.

Nicht geeignet sind dagegen Gemüse- und Obstprodukte, die in irgendeiner Form weiterverarbeitet sind. Sie können zu viel Fett oder Kochsalz bzw. unnötige Zusatzstoffe enthalten.

Fisch

Einmal wöchentlich sollte Fisch auf dem Speiseplan stehen. Gar nicht so einfach, denn frischer Fisch ist nicht überall erhältlich. Hier können Tiefkühlprodukte eine Lücke ausfüllen, auch wenn sie geschmacklich etwas verlieren. Sie sind jedoch frischer als die meisten Fische, die Sie im Inland kaufen können. Tiefgekühlter Fisch wird meist filetiert angeboten, sodass die Kinder sich auch nicht mit den Gräten herumplagen müssen.

Weniger geeignet sind Produkte, die zu Fertiggerichten weiterverarbeitet sind. Dazu gehören eindeutig Fischstäbchen, deren dicke Panade viel Fett zieht. Unser Rezept für Fischburger finden Sie auf Seite 202.

Brot

Brot eignet sich hervorragend zum Einfrieren. Wenn es direkt nach dem Kauf und in TK-Folie verpackt in den Tiefkühlschrank kommt und dort nicht länger als zwei bis drei Wochen lagert, schmeckt es nach dem Auftauen wie frisch vom Bäcker.

Tipp **Auf Vorrat kochen**

Wer auf Vorrat kocht – etwa drei- bis viermal so viel, wie für eine Mahlzeit gebraucht wird –, handelt sehr wirtschaftlich. Einschließlich Wiedererwärmen und Servieren können bis zu 45 Prozent an Zeit und bis zu 55 Prozent an Energie gespart werden.

Tipps für den Einkauf

- Tiefkühlprodukte müssen in den Truhen der Lebensmittelgeschäfte sachgerecht gelagert werden. D. h., die Temperatur muss mindestens -18 °C betragen, die Stapelgrenze darf nicht überschritten werden. Wenn kein Thermometer zur Kontrolle in der Truhe liegt, dann hilft ein Fingerdruck auf eine Eiscremepackung. Eiscreme wird schon weich, wenn es nur wenig wärmer ist als -18 °C. Gibt sie dem Fingerdruck nach, dann herrschen in der Truhe nicht die erforderlichen Minustemperaturen.

- Ware in beschädigten Verpackungen sollten Sie liegen lassen.

- Die Qualität der Produkte sinkt, wenn die Tiefkühlkette auf dem Handelsweg unterbrochen wurde. Bei einigen Nahrungsmitteln, z. B. Erbsen, Suppengemüse oder Beeren, kann man das prüfen. Wenn Sie die Packung schütteln, muss es darin deutlich rappeln. Eiskristalle auf oder in den Packungen weisen ebenfalls auf eine unterbrochene Tiefkühlkette hin.

- Legen Sie Tiefkühlprodukte immer zuletzt in den Einkaufswagen und transportieren Sie sie bei warmem Wetter oder langem Heimweg in einer Spezialtasche.

Zum Einfrieren geeignet sind:

- klare und gebundene Suppen, z. B. Fleisch- oder Gemüsebrühen als Grundlage für weitere Eintopfgerichte
- Eintopfgerichte, z. B. aus Hülsenfrüchten, Gemüse, Nudeln und Reis
- Fischspeisen, z. B. Fischfrikadellen
- Fleischspeisen, z. B. Braten, Frikadellen, Gulasch, Klopse, Rouladen (mit Soße einfrieren)
- Getreidegerichte, z. B. Nudel- und Reisaufläufe, pikante Backwaren (Pizza)
- Kartoffelpüree

Zum Einfrieren weniger geeignet sind:

- Pell-/Salzkartoffeln

Tiefkühlen: Welches Gerät brauche ich?

Ein Gefriergerät sollte ca. 50 Liter Gefriervolumen pro Person haben.

Gefriertruhen sind sowohl bei der Anschaffung als auch beim Energieverbrauch preiswerter als Gefrierschränke. Ihr Nachteil: größerer Platzbedarf und umständlichere Handhabung.

Gefrierschränke passen auch in kleine Küchen und in ihrem Inneren herrscht Ordnung. Ihr Nachteil: Die übersichtlichen Schubladen nehmen viel Raum in Anspruch.

Kühl-Gefrier-Kombinationen (Kühlschrank und Gefrierschrank zu einem Gerät vereinigt) sind das Richtige für die kleine Küche. Technisch einfache Modelle haben nur ein Kühlaggregat und einen gemeinsamen Regelkreis für die Kühl- und Gefrierteile. Sie sind preiswerter als die Geräte mit getrennten Regelkreisen, haben aber ein geringeres Gefriervermögen und erwärmen sich bei Stromausfall schneller als andere.

Das brauchen alle Geräte: ein optisches oder akustisches Warnsystem für den Fall, dass im Inneren die Temperatur ansteigt.

Information:

*Detaillierte Informationen über Kühl- und Gefriergeräte und über Tiefkühlware finden Sie im Internet in der Onlinethek der Verbraucherzentralen unter **www.verbraucherinfothek.de**.*

Tipps zum Einfrieren

- Frieren Sie Lebensmittel nur verpackt ein. Geeignete Verpackungsmaterialien sind Gefrierbeutel, Kunststoffbehälter, Aluminiumformen mit Deckel, Folien oder Polyäthylenbeutel.

- Bereiten Sie Lebensmittel vor dem Einfrieren gut vor. Obst und Gemüse müssen gewaschen, geputzt und in handliche Stücke geschnitten sein. Vor allem Obst muss gut abgetrocknet sein, da das restliche Wasser die Früchte sonst vereisen lässt. Verwenden Sie nur beste Rohware.

- Würzen Sie vorsichtig: normal mit Jodsalz, Kapern, Nelken, Zimt; schwach mit Knoblauch, Muskat, Paprika, Pfeffer, Zwiebeln.

- Geben Sie erst nach dem Auftauen Sahne, Eigelb oder Milch hinzu.

- Verwenden Sie als Bindemittel Mehl oder Speisestärke.

- Bereiten Sie Eintopfgerichte mit Reis und Nudeln anstelle von Kartoffeln zu.

- Erhitzte Lebensmittel vor dem Einfrieren gut abkühlen.

- Am besten wird Gefriergut – vor allem Fisch, Fleisch und Geflügel – im Kühlschrank aufgetaut. Beim Auftauen in der Mikrowelle empfiehlt es sich, das Gefriergut vorher einige Minuten bei Raumtemperatur stehen zu lassen. Geeignet ist auch ein kochfester Behälter im Wasserbad, ein Kochtopf unter Zugabe von etwas Flüssigkeit oder der Backofen.

- Überschreiten Sie nicht die Lagerzeit: Fertiggerichte können etwa 2 bis 3 Monate gelagert werden.

Wenn's wirklich schnell gehen muss

In den letzten Jahren hat sich auf dem Kochbuchmarkt ein Trend entwickelt, bei jedem Rezept die Zubereitungszeit in Minuten anzugeben. Dabei haben die Autorinnen und Autoren die Zeichen der Zeit erkannt: Immer mehr Leute haben immer weniger davon.

Also überbieten sie sich mit Niedrigzeitangaben: In 20, 15, 10 Minuten ist das Essen fertig. Wenn der Trend so weitergeht, dann hat sich das Essen bald selbst gekocht, bevor man noch in der Küche ankommt. Verlassen sich der eilige Koch, die gestresste Köchin auf die Angaben, um schnell in der Mittagspause etwas zuzubereiten, dann ist nicht selten Ärger vorprogrammiert.

Die Viertelstunde zum Beispiel, die die Auberginen zum „Schwitzen“ brauchen oder Wasser zum Kochen benötigt, wird bei der Zeitberechnung einfach unterschlagen. Bei anderen Rezepten ist zu vermuten, dass die Kochbuchautoren Weltmeister im Gemüseschnellschnibbeln sind und davon ausgehen, dass alle anderen genauso flinke Finger haben. Während sich Normalsterbliche damit abmühen, die dritte Kohlrabi in gleich große Stücke zu zerteilen, zerfallen langsam die Kartoffeln.

Wirklich schnell gehen eben nur Pellkartoffen mit Quark, meinen manche. Dass das nicht stimmt, zeigen die Rezepte in unserem Rezeptteil, die mit „geht besonders schnell“ gekennzeichnet sind und die Sie wirklich in weniger als einer halben Stunde auf den Tisch bringen können. Die meisten Zutaten haben Sie als Vorrat im Haus. Der Rest lässt sich schnell besorgen. Und mit unseren Turbo-Tipps im Rezeptteil geht es noch schneller, und zwar ohne Qualitätsverlust.

Wenn mal wirklich keine Zeit da ist, um etwas zum Essen zuzubereiten, dann geben Sie Ihren Kindern eine oder zwei Scheiben Vollkornbrot mit etwas Butter und ein Stück rohes Gemüse in die Hand. Das ist keine Verlegenheitslösung, sondern eine gesunde kleine Mahlzeit.

Konserven haben in der traditionellen Vollwert-Ernährung einen schlechten Ruf. Selber machen und frisch kochen sind angesagt. Das heißt aber nicht, dass Sie anfangen müssten, Ihr Sauerkraut selbst zu stampfen. Einige verarbeitete oder konservierte Nahrungsmittel werden durchaus akzeptiert. Das sind neben Sauerkraut auch andere sauer konservierte Gemüse, z. B. Bohnen oder Gewürzgurken. Manche Gemüse bieten sich bei Zeitnot auch als Konserve an. Das sind vor allem Hülsenfrüchte, aber auch Mais und Tomaten. Im Handel werden mittlerweile ausgewogene Fertiggerichte angeboten, Vollkornknödel etwa oder Getreidebratlinge. Sie finden solche Waren im Bio-Laden oder in den Bio-Regalen von Kaufhäusern und Supermärkten.

Flinke Geräte

Küchengeräte sollen Zeit sparen. Sie tun es aber nur bedingt, weil mit ihrem Aufbau und der Reinigung oft ein ziemlicher Aufwand verbunden ist. Hier eine Übersicht darüber, was wirklich nützlich ist und wer was braucht.

- **Schnellkochtopf:** Bis zu 70 Prozent Zeit kann beim Kochen mit dem Schnellkochtopf im Vergleich zu herkömmlichen Methoden gespart werden, und zwar vor allem bei größeren Mengen und bei Speisen, die lange zum Garen brauchen.

- Wer sich mit dem Schnellkochtopf nicht anfreunden kann, sollte die **Kochtöpfe** immer gut **mit passenden Deckeln** verschließen. Auch das spart Kochzeit. Verwenden Sie größere statt kleinere Töpfe, die Hitze verteilt sich dann schneller und gleichmäßiger, das Essen wird schneller gar.

- **Wasserkocher:** Sie sind in puncto Schnelligkeit – und damit auch im Energiesparen – nicht nur dem Herd überlegen, sondern schlagen z. T. sogar die Mikrowelle. Praktisch z. B., um zwischendurch mal eine Tasse Tee aufzugießen.

- Große **Küchenmaschinen** können fast alles: schlagen, kneten, rühren, mixen, pürieren, schneiden, hacken und manchmal sogar entsaften. Sie brauchen allerdings viel Platz; Reinigung und Aufbau sind aufwändig.

- **Handrührgeräte** können schlagen, kneten, rühren und eventuell pürieren und mixen. Vor allem für den kleinen Haushalt sind sie besser geeignet als große Küchenmaschinen. Sie benötigen nicht nur wenig Platz, sondern sind auch schnell einsatzbereit.

- **Stabmixer** (Pürierstäbe) eignen sich zum Pürieren, Mixen und Schlagen. Für Suppenfans ein Muss!
- Ein **elektrischer Zerkleinerer**, auch Blitzhacker genannt, bekommt im Nu Kräuter, Nüsse und Ähnliches klein.

- Eine **elektrische Zitruspresse** lohnt sich für alle, die häufig Apfelsinen und Zitronen auspressen.

- **Kartoffelpressen** werden manuell betrieben und sind ideal, um Kartoffeln für Kartoffelbrei zu musen. (Mit dem Pürierstab wird die Masse zäh.)

- **Mandelmühlen** eigen sich auch optimal zum Reiben von Parmesan. Sie dürfen aber keinen Gummifuß haben, sondern müssen fest angeschraubt werden können.

- Ein **Eierschneider** zerlegt nicht nur hart gekochte Eier in makellose Scheiben, sondern auch Champignons.

- Mit der **Salatschleuder** können Blattsalate nach dem Waschen schnell und gründlich getrocknet werden.

Tipp **Geräte sofort säubern**

Zeitsparend ist es auch, wenn Sie die Geräte sofort nach Gebrauch säubern. Dann müssen Sie Verkrustungen nicht mühsam entfernen.

Was kann die „schnelle Welle“?

Kaum ein Küchengerät hat so heftige Diskussionen ausgelöst wie die Mikrowelle. Für die einen war sie der Inbegriff des Fortschritts, für die anderen ein Frevel an Gesundheit und Esskultur. Inzwischen ist die „schnelle Welle“ eine gute Unterstützung für alle, die nicht viel Zeit für aufwändiges Kochen haben oder die nur kleine Portionen benötigen. Auch wenn die Familienmitglieder zu unterschiedlichen Zeiten essen, zeigt ein Mikrowellengerät beim schnellen Aufwärmen seine Stärke. Zeitsparend wirkt sich auch aus, dass die Speisen direkt auf dem Serviergeschirr erwärmt oder sogar gegart werden.

Wenn Sie sich ein Mikrowellengerät zulegen wollen, sollten Sie überlegen, zu welchem Zweck Sie es brauchen. Sologeräte sparen Zeit und Energie beim Auftauen und Erwärmen kleiner Portionen. Kombinationsgeräte ermöglichen es auch, zeitsparend zu backen, zu braten oder zu grillen. Ein Braten zum Beispiel ist in ca. 2/3 der üblichen Zeit gar. Allerdings sind diese Geräte auch um etliche Euro teurer als Sologeräte.

Noch ein Hinweis: Die Verbraucherzentralen warnen weiterhin davor, Milch fürs Baby in der Mikrowelle zu erhitzen. Das Fläschchen fühlt sich kühl an, die Milch darin ist kochend heiß. Gefürchtet sind auch die sogenannten „Hot Spots", besonders heiße Stellen in den Nahrungsmitteln, die dadurch entstehen, dass sich die Wärme bei zu hoher Leistungsstufe nicht gleichmäßig und schnell genug verteilt. Auch Babybrei sollte deshalb vor dem Füttern immer umgerührt und probiert werden.

Manchmal geht es langsam schneller

Auch wenn er aus der Mode gekommen ist – irgendwo steht in fast jedem Haushalt noch ein Exemplar herum: der Römertopf. Nachdem er in den 1970er Jahren nirgends fehlen durfte, gilt er heute als altbacken und wird höchstens noch benutzt, um Brot aufzubewahren, wozu er sich sehr gut eignet. Doch der verkannte Römertopf kann mehr. Er ist nicht nur ein einfach zu bedienendes und preiswertes Kochgerät, er vereint darüber hinaus vier unschätzbare Vorzüge:

- Das Essen aus dem Römertopf ist geradezu atemberaubend gesund. Die Nährstoffe bleiben weitgehend erhalten, der Fettverbrauch ist minimal.

- Auch wenn die Garzeiten lang sind, ist der Römertopf zeitsparend. Nach der Vorbereitung des Gerichts – Gemüse zerkleinern usw. – kann man ihn für zwei Stunden vergessen und in dieser Zeit etwas völlig anderes erledigen. Der Herd muss nicht gesäubert werden, auch das spart Zeit.

- Nichts kann schief gehen, nichts kann anbrennen. Deshalb nimmt der Römertopf auch Anfängern und Kochmuffeln die Angst.

- Das Ergebnis schmeckt umwerfend, weil das Aroma der Speisen voll zur Geltung kommt. Der Topf ist porös. Das Geschirr wird vor Gebrauch gewässert, sodass es sich vollsaugen kann. Dadurch entsteht während des Garens im Backofen Dampf, der die Speisen saftig hält. Und noch ein Vorteil: Wenn das Essen vorbereitet ist, können größere Kinder rechtzeitig den Herd anstellen. Wenn Sie nach Hause kommen, ist alles schon fertig.

Es soll nicht verschwiegen werden, dass der Römertopf auch Nachteile hat. Er ist nur für den Backofen geeignet und verträgt keine größeren Temperaturunterschiede. Wenn er aus dem Backofen kommt, muss er auf ein Kuchengitter, ein trockenes Holzbrett oder ein trockenes, zusammengerolltes Handtuch gestellt werden. Auch ein höherer Energieverbrauch ist in Kauf zu nehmen, weil das Wasser verdunstet werden muss. An manchen Tagen ist der Tontopf jedoch ideal: Während Sie die halbe Wohnung putzen oder in aller Ruhe mit dem Kind spielen, bereitet sich das Essen quasi von selbst zu.

Römertöpfe gibt es für alle Lebenslagen. Für den Hausgebrauch reicht zunächst die Standardform. Vorbehandelt wird der Topf nach Anweisung. Bei den heutigen Töpfen ist stundenlanges Wässern nicht mehr nötig. Abspülen vor dem Kochen reicht meist aus. Ein glasierter Boden ist vorteilhaft, da er das Ansetzen verhindert.

Bei allen Gerichten aus dem Römertopf wird grundsätzlich die Form in den kalten Ofen gestellt. Die Gerichte werden bei 220 °C gegart, falls nicht etwas anderes vorgegeben ist.

Fleisch spielt in der zeitgemäßen Ernährung keine tragende Rolle. Öfter als ein- bis zweimal wöchentlich sollte es nicht auf dem Tisch stehen. Mit dem Römertopf kann mageres Fleisch so zubereitet werden, dass es saftig bleibt. Im Rezeptteil finden Sie einige Beispiele, die zeigen, wie vielseitig einsetzbar der Römertopf auch heute noch ist (ab Seite 154).

Tipp **Auflauf gart von allein**

Auch Auflaufformen verschiedener Größe sollten in der Küchenausstattung nicht fehlen. Denn hier gilt dasselbe wie für den Römertopf: Nach der Vorbereitung gart das Essen ganz von allein.

Roh macht froh

Wie gesund Rohkost ist, muss eigentlich nicht mehr betont werden. Die Hälfte der täglichen Nahrung sollte nach den Prinzipien der Vollwertküche als „unerhitzte Frischkost“ gegessen werden. Obst und Gemüse an erster Stelle, aber auch Nüsse, Kräuter, Frischkorn und anderes. Wie praktisch für alle Eltern, die wenig Zeit haben! Kohlrabi schälen und zerteilen – und schon haben sie wieder ein gutes Gewissen. Da die meisten Kinder auch noch gern etwas Rohes knabbern, treffen hier Theorie und Praxis ideal zusammen. Es müssen ja nicht immer geschälte Möhren sein. Hier sind ein paar Tipps für Rohkost zu jeder Tageszeit.

Frühstück

Zum Frühstück mögen die meisten Menschen nicht so gerne Radieschen. Obst ist angesagt. Es kann geraspelt oder klein geschnitten unters Müsli gemengt werden (Äpfel, Birnen), steht morgendlichen Kaumuffeln ausgepresst zur Verfügung (Orangensaft), wird Essfaulen mundgerecht serviert (Trauben, Blaubeeren), ist die saftige Ergänzung zum Vollkornbrot (Mandarine, Ananas) oder kommt schon morgens dem Spieltrieb kleinerer Esser entgegen, die nach Herzenslust in ihren Melonenvierteln herumstochern dürfen.

Zweites Frühstück

Das zweite Frühstück für Kinder ist das berüchtigte Pausenbrot, das angeblich immer im Papierkorb verschwindet, sobald ein Kiosk in der Nähe süße Zahnkiller anbietet. Nicht, wenn es eine Rappelkiste gibt! Das ist eine Frühstücksdose, die durch aufgeklebte Buchstaben oder ein Symbol unverwechselbar zu Ihrem Kind gehört und in der jeden Tag etwas anderes rappelt. Zum Beispiel Möhrenstückchen mit Nüssen gemischt. Oder verschiedenfarbige Paprikawürfel (es gibt nicht nur rote, grüne, gelbe, sondern auch orangefarbene). Oder die weichen Roten und die harten Roten (Cocktailtomaten und Radieschen gemischt). Oder kleine Spießchen (Zahnstocher), auf die abwechselnd Gurken- und Melonenstückchen gesteckt sind. Oder selbst gemischtes Studentenfutter aus verschiedenen Nüssen und Rosinen. Oder Weintrauben und Sonnenblumenkerne. Ein gebuttertes Vollkornbrot ergänzt die Rappelkiste.

Warme Hauptmahlzeit

Bei der warmen Mahlzeit gibt es Rohkost meist als Salat oder nicht erhitztes Gemüse. Niemand hat etwas dagegen, wenn das Kind vorher schon herumnascht, zum Beispiel sich Stückchen vom Eisbergsalat und von der Kohlrabi in den Mund steckt, und wenn's denn sein muss, auch von der Kartoffel (Grüne Stellen unbedingt vorher entfernen! Sie enthalten das giftige Solanin.).

Zwischenmahlzeit

Als Dessert oder Zwischenmahlzeit am Nachmittag zeigt sich Rohkost von ihrer feinsten Seite. Knallrote Himbeeren leuchten auf cremigem Joghurt. Milch schäumt frisch gemixt mit Erdbeeren auf. Oder es gibt auch mal ein Obstbrot. Das ist Graubrot bestrichen mit Butter und belegt mit klein geschnittenem Obst wie Banane, Apfel oder Birne.

Kalte Hauptmahlzeit

Bei der kalten Hauptmahlzeit kann die Rohkost ihr Talent als Brotbelag zeigen. Oder es gibt etwas ganz Vornehmes: „Rohkost auf italienisch“. Das ist nichts anderes als klein geschnibbeltes Gemüse mit Dips und Crossini. Als Gemüse eignen sich die zarten Stängel von Staudensellerie, längs in Streifen geschnittene Möhren oder ebenso behandelte Gurken, Zucchini, Paprikaschoten verschiedener Farbe, außerdem Fenchel, Blumenkohlröschen, Radieschen.

Rezepte für Dips finden Sie im Rezeptteil (ab Seite 94).

Das brauchen Sie für die schnelle Rohkost-Küche:

- eine vierseitige Rohkostreibe mit unterschiedlichen Reibflächen oder eine Küchenmaschine
- ein kleines Messer mit einer geraden, spitzen Klinge zum Putzen und Zerkleinern von Gemüse
- einen Wetzstahl, um dieses Messer (und die anderen im Haushalt) zu schärfen
- einen Sparschäler, z. B. für Möhren
- ein großes Holzbrett
- wenn es ganz schnell gehen soll: einen elektrischen Zerkleinerer – auch Blitzhacker genannt –, mit dem z. B. Kräuter schnell gehackt werden können.

Keine Angst vor kalter Küche

Muss man täglich warm essen? „Ja“, hört man heute immer noch und kann sich damit unnötig das Leben schwer machen. Tatsächlich ist es so, dass warme Mahlzeiten für eine gesunde Ernährung unverzichtbar sind. Denn einige wichtige Nahrungsmittel, wie z. B. Bohnen, enthalten im Rohzustand Giftstoffe und können so nicht ohne Schaden gegessen werden. Andere sind ungegart schlecht verdaulich. Oder sie erschließen ihren Reichtum an Nährstoffen erst vollständig, wenn sie erhitzt werden, wie z. B. die Kartoffeln. Und weil Abwechslung die beste Voraussetzung für eine gesunde Ernährung ist, sollten auch diese Nahrungsmittel im Speiseplan nicht fehlen, d. h., ohne warme Mahlzeiten geht es nicht.

Aber: Es kann gar keine Rede davon sein, dass Sie Tag für Tag am Herd stehen müssen. Die Nährstoffbilanz muss nicht jeden Tag, sondern im Laufe einer Woche ausgeglichen sein. Es ist

kaum möglich, sich Tag für Tag so zu ernähren, dass immer alle Nährstoffe in ausreichender Menge und optimaler Zusammensetzung aufgenommen werden. Mit anderen Worten: Wer im Sommer mal einen Salattag einschiebt, ruiniert weder die eigene Gesundheit noch die seiner Kinder, auch nicht, wenn immer wieder mal auf die warme Mahlzeit verzichtet wird. Außerdem: Ist das Nahrungsmittel erst einmal durch Erhitzen verdaulich gemacht, sind die Nährstoffe erst einmal erschlossen, dann ändert sich daran auch beim Erkalten nichts bis auf die Tatsache, dass bei allzu langem Aufbewahren Vitamine verloren gehen. Aber ein Kartoffelsalat angereichert mit frischem Gemüse, ein Salat aus weißen oder grünen Bohnen passen in eine vollwertige Ernährung. Und schließlich ist ein schnell gemischter Salat allemal gesünder als ein warmes, vorgefertigtes Essen aus der Dose.

Also keine Angst vor kalter Küche. Es gibt gerade für Leute mit wenig Zeit gute Gründe für kalte Gerichte:

- Sie können – vollständig oder teilweise – gut vorbereitet und schnell zubereitet werden.

- Häufig können die Kinder bei der Vorbereitung helfen. Das spart nicht nur Zeit. Gemeinsames Kochen schafft eine warme, gemütliche Atmosphäre, in der man nach einem „getrennten Tag" schnell wieder zusammenfindet.

Obst und Gemüse für das ganze Jahr

In unseren Saisonkalendern (⋯> Anhang, Seiten 212/213) haben wir für jeden Monat die Obst- und Gemüsesorten aufgeführt, die dann frisch geerntet werden. Es lohnt sich, beim Einkaufen und Kochen darauf zu achten. Denn das Saisongemüse ist deutlich preisgünstiger als andere Sorten. Im Rezeptteil gibt es viele Beispiele für die abwechslungsreiche Zubereitung.

Gesund durch die Woche

Vielfalt ist der beste Koch. So lecker Nudeln auch schmecken – wenn sie jeden Tag auf den Tisch kommen, wird es einseitig. In unseren Rezept-Vorschlägen für eine Woche spielt jeden Tag ein anderes Nahrungsmittel die tragende Rolle. Auch die weiteren Zutaten sind möglichst abwechslungsreich. So könnte eine schnelle, gesunde Küchenwoche aussehen. Die dazugehörigen Rezepte und viele Variationen finden Sie im Rezeptteil.

Montag ist Reis-Tag
Ein Reistopf braucht nur etwas Vorbereitung, dann köchelt er ganz allein vor sich hin.

Dienstag ist Nudel-Tag
Wenn es Nudeln gibt, müssen Kinder nicht zweimal aufgefordert werden, zuzugreifen. Vor allem dann nicht, wenn die Nudeln Spaghetti heißen.

Mittwoch ist Getreide-Tag

Nicht jedes Getreide braucht stundenlang zum Einweichen und Garen. Buchweizen zum Beispiel muss überhaupt nicht eingeweicht werden und ist schon in 15 Minuten gar. Dann sollte er noch 5 Minuten nachquellen.

Donnerstag ist Fisch-Tag

Fisch ist sehr schnell gar. Wenn er mit einem ebenfalls schnell garenden Gemüse kombiniert wird, steht das Gericht in gut 20 Minuten auf dem Tisch, z. B. als Seelachs-Gemüse-Pfanne. Die Pellkartoffeln, die dazugehören, werden zuerst aufgesetzt und sind in dieser Zeit ebenfalls gar.

Freitag ist Kartoffel-Tag

Auch wenn Kinder das nicht gerne glauben: Kartoffeln gibt es nicht nur als Stäbchen, sondern in unendlich vielen, sehr leckeren Variationen.

Samstag ist Gemüse-Tag

Früher gab es samstags bevorzugt Eintöpfe. Sie kochten von allein, während der Haushalt für den Sonntag vorbereitet wurde. Das ist auch heute keine schlechte Idee. Es muss ja nicht die traditionelle Erbsen- oder Linsensuppe sein. Für fast jedes Gemüse ist ein Eintopf der ideale Aufenthaltsort.

Sonntag ist Fleisch-Tag

Fragt man Kinder nach ihrem Lieblingsfleisch, so werden sie mit großer Wahrscheinlichkeit Hähnchen sagen. Eigentlich gibt es keinen Grund, ihnen diesen Wunsch nicht zu erfüllen.

Rezepte

Die vorgestellten Rezepte sind als Anregung gedacht. Probieren Sie sie zunächst einmal in Ruhe aus. Sie müssen sich nicht ganz genau an die Zutaten halten. Im Gegenteil: Je mehr Sie variieren und experimentieren, desto besser. Nehmen Sie nach Jahreszeit andere Gemüse oder anderes Obst. Unsere Saisonkalender (···> Seiten 212/213) geben Ihnen weitere Anregungen.

Hinweise zu den Rezepten

Unser Rezeptteil enthält schnelle und leckere Rezepte aus der kalten und warmen Küche. Ersetzen Sie einzelne Zutaten, z. B. Kräuter, durch andere, die Sie gerade im Haus haben. Schon bald werden Sie immer sicherer in der Kunst der Improvisation. Dadurch bekommen Sie nicht nur Ihre Zeit in den Griff. Sie werden auch feststellen, dass es Spaß machen und entspannend sein kann, nach der Arbeit in der Küche zu werkeln. Und dies zusammen mit Ihren Kindern, die immer mithelfen können.

- Wir empfehlen als Standartöl Rapsöl. Es enthält viele wertvolle Inhaltsstoffe wie einfach und mehrfach ungesättigte Fettsäuren und hat die beste Fettsäurezusammensetzung für Ihren Körper. Es ist sowohl raffiniert als auch nativ hervorragend für Salat und zum Braten geeignet. Raffiniertes Rapsöl ist geschmacksneutraler, natives enthält mehr Pflanzeninhaltsstoffe. Nur bei wenigen Rezepten werden andere Öle oder Butter genutzt. Sie geben Gerichten vor allem einen typischen Geschmack.

- Die Verwendung von Jodsalz wird empfohlen, da Deutschland ein Jodmangelgebiet ist. Eine weitere wichtige Jodquelle sind Seefische wie Seelachs, Makrele, Lachs und Hering, die Sie einmal in der Woche einplanen sollten. Auch Milch und Käse enthalten Jod.

- Alle Rezepte sind für 4 Personen berechnet.

- Fünf besondere Markierungen helfen Ihnen, Rezepte mit speziellen Eigenschaften schnell zu finden:

besonders schnell (max. 20 Minuten)

gart allein

gut aufzuwärmen

gut zum Einfrieren

kinderleicht

- Bei den Angaben zu den Backtemperaturen gibt es folgende Umrechnungen: Backofen auf 180 °C vorheizen entspricht Umluft 160 °C und Gas Stufe 3.

Löffelmaße

Lebensmittel	1 Teelöffel (TL) in g	1 Esslöffel (EL) in g
Butter	5	10
Crème fraîche	5	15
Essig	5	10
Frischkäse	–	15
Frischkäse, körnig	–	25
Haferflocken	–	10
Haselnüsse, gemahlen	5	10
Hirsekörner (roh)	–	10
Honig, Ahornsirup	5	10
Kakaopulver	2	5
Käse, gerieben	–	10
Kräuter	2	5
Leinsamen	3	10
Maiskörner (Glas)	–	25
Margarine	5	10
Marmelade	5	10
Mehl, Vollkorn-	3	10
Milch	–	15

→

Lebensmittel	1 Teelöffel (TL) in g	1 Esslöffel (EL) in g
Müsli	–	10
Nüsse, gehackt	5	10
Öl	5	10
Parmesan	–	10
Quark, mager	10	25
Rosinen	5	15
Sahne, flüssig	–	10
Sahne, geschlagen	–	15
Salz	5	–
Saure Sahne, Joghurt	–	15
Senf	2	10
Sesam	2	5
Sonnenblumenkerne	–	10
Tomatenmark	5	15
Weizenkörner	5	15
Weizenvollkornmehl	3	10
Zucker	5	15

Das Volumen beträgt beim Esslöffel ungefähr 15 ml und beim Teelöffel ungefähr 5 ml.

Rezepte im Überblick

Kalte Küche

Müsli

Ein gesunder Start in den Tag, eine schnelle Mahlzeit zwischendurch – mit einem Müsli ist man immer auf der sicheren Seite. Es gibt fertige Mischungen in guter Qualität zu kaufen. Wer selber mischt, kann die Geschmacksvorlieben der Familie berücksichtigen.

Grundrezept Müsli

Pro Person und Woche werden je 5 EL Hafer- und Roggenflocken, gehackte Haselnüsse und Sonnenblumenkerne gemischt und in einer verschlossenen Dose aufbewahrt. Sie können auch Leinsamen, Kürbiskerne, Sesam oder andere Nüsse und Rosinen hinzufügen. Probieren Sie aus, was Ihnen und Ihren Kindern am besten schmeckt.

Knusperflocken

Noch zuckeriger als normale Müslis können die bei Kindern äußerst beliebten Knusperflocken jeder Art sein. Auch sie lassen sich vollwertig und – an einem verregneten Sonntagnachmittag – auf Vorrat herstellen.

200 g	**Getreideflocken, z. B. kernige Haferflocken**
je 50 g	**Sonnenblumenkerne und Kokosflocken**
je 50 g	**Haselnüsse und abgezogene Mandeln**
2 Msp.	**Zimt**
2 Msp.	**gemahlene Vanille**
3 EL	**Öl**
3 EL	**Honig**
100 g	**Rosinen**
50 g	**Korinthen**

1. Haferflocken mit Sonnenblumenkernen und Kokosflocken mischen.
2. Haselnüsse und abgezogene Mandeln grob hacken oder – schneller – im Blitzhacker zerkleinern. Mit Zimt und gemahlener Vanille unter die Flocken rühren.
3. In einer großen, schweren Pfanne Öl und Honig erhitzen und ca. 2 Minuten bis zum Sprudeln kochen. Flockenmischung in die Pfanne schütten und sofort umrühren. Bei mittlerer Hitze 5 Minuten goldgelb rösten. Dabei öfter umrühren.
4. Rosinen und Korinthen waschen, abtropfen lassen und in die Pfanne geben. 5 Minuten bei kleiner Hitze unter häufigem Umrühren mitrösten.
5. Abkühlen lassen. In einem gut schließenden Gefäß kühl stellen.

Mit dieser Menge kommen zwei Personen fünf Tage lang über die Runden.

Brot

Brot ist in Deutschland das Grundnahrungsmittel Nummer 1. Eine fast unübersichtliche Sortenvielfalt sorgt dafür, dass es nie langweilig wird. Zu jedem Anlass findet sich das passende Brot in guter Qualität. Eigentlich, sollte man meinen, ist es nicht nötig, dass eilige Eltern selbst Brot backen. Doch das Blitzbrot ist in wenigen Minuten fertig für den Backofen – und der Geschmack wird auch Skeptiker überzeugen.

Blitzbrot

400 g	**Weizen- oder Dinkelvollkornmehl**
100 g	**Buchweizenmehl (oder auch Weizen)**
80 g	**Leinsamen**
80 g	**Sesam**
80 g	**Sonnenblumenkerne**
½ l	**lauwarmes Wasser**
40 g	**Hefe oder 2 Beutel Trockenhefe**
2 TL	**Jodsalz**
2 EL	**Obstessig**
1 EL	**Öl für die Backform**

1. Die Hefe in lauwarmem Wasser auflösen und mit den übrigen Zutaten kräftig verkneten. Trockenhefe kann direkt mit den Zutaten gemischt werden.
2. Eine Kastenform fetten und nach Belieben mit Sesam, Leinsamen oder Haferflocken bestreuen. Den Teig hineinfüllen und in den kalten Backofen geben.
3. Bei 200 °C etwa 1 Stunde backen.

Brotbeläge und -aufstriche von A bis Z

Diese Brotbeläge kann man in keinem Geschäft fertig kaufen. Eigentlich ist sogar das Wort Brotbelag viel zu profan für die fantasievollen, abwechslungsreichen und trotzdem schnell herzustellenden Kreationen. Einige Aufstriche lassen sich 2 Tage gut verschlossen im Kühlschrank aufbewahren.

Avocadocreme

Aus einer halben reifen Avocado mit einem Löffel das Fruchtfleisch herauslösen und mit Zitronensaft zerdrücken. Mit Jodsalz, Pfeffer und Paprika abschmecken. Die andere Hälfte mit Alufolie luftdicht verpacken.

Bananen

Bananenscheiben bekommen an ganz besonderen Tagen eine Dekoration aus einem Tropfen Honig.

Camembert-Varianten

Camembert mit einem Teelöffel Preiselbeeren garnieren. Oder mit Apfelscheiben. Oder Gewürzgurke.

Dillbutter

50 g weiche Butter schaumig rühren. Ein hart gekochtes Ei grob hacken. Einen Bund Dill fein hacken. Alles vermischen.

Eierscheiben

Hart gekochtes Ei in Scheiben schneiden, leicht salzen und mit Schnittlauchröllchen bestreuen.

Forellenfilets

Schmecken toll mit einem Klecks Meerrettich.

Gurkenscheiben

Leicht salzen und pfeffern.

Hüttenkäse

Mit klein geschnittenen, roten Paprikastückchen vermischen.

Ingwer-Dip

75 g Quark mit 1 EL Milch glatt rühren. 2 EL fein gehackten, kandierten Ingwer unterheben. Mit fein gehacktem, zartem Staudensellerie bestreuen.

Johannisbeergelee

Statt Butter Magerquark als Unterlage probieren. Das geht auch mit Konfitüre oder Honig.

Kartoffelkäse

100 g gekochte Kartoffeln durch die Kartoffelpresse drücken. Mit einem hart gekochten, klein gehackten Ei, 100 g Magerquark, je 50 g Butter und geriebenem Gouda und 1 EL Crème fraîche verrühren.

Eine Alternative für ganz Eilige: **Kresse auf Frischkäse**

Löwenzahnquark

100 g Magerquark, 2 EL geriebene Nüsse und 4 EL gehackte Löwenzahnblätter verrühren. Mit Zucker, Jodsalz, Pfeffer und etwas fein gehackter Zwiebel abschmecken. Mit Paprika bestäuben. Statt Löwenzahn passt auch Rucola.

Als Alternative für alle, die Löwenzahn nicht mögen oder nicht vertrauenerweckend vor der Haustür, im Garten oder in einer Wiese haben, **Lauch-Kartoffelaufstrich:**
1 Stange Lauch und 1 Zwiebel sehr fein hacken und in 1 EL Olivenöl andünsten. 3 gekochte Kartoffeln fein reiben und mitbraten. Unter die noch heiße Masse 1 EL Sahne (oder 2 TL Butter) und 1 TL mittelscharfen Senf verrühren. Abkühlen lassen und mit gehacktem Dill, Jodsalz und Zucker abschmecken.

Möhrenbutter

200 g fein geriebene Möhren (fast püriert), 100 g weiche Butter, 50 g Tomatenmark, ggf. 1 EL Öl und 1 zerdrückte Knoblauchzehe miteinander verrühren. Mit Jodsalz, Pfeffer und evtl. gehacktem Basilikum würzen.

Für die, die es schärfer lieben, **Meerrettichcreme:**
3 EL Quark und 4 EL Sahne gut verrühren. 2 TL frisch geriebenen Meerrettich (oder aus dem Glas) und 1 TL Zitronensaft darunter rühren. Zum Schluss einen fein geriebenen Apfel dazugeben. Nach Geschmack mit Jodsalz abschmecken.

Nuss-Nougat-Creme, selbstgemacht

100 g weiche Butter schaumig rühren, mit 100 g gemahlenen Nüssen (z. B. Haselnüsse oder Cashewkerne), 2 EL Kakao, 1–2 EL Honig, 1 EL Öl und gemahlener Vanille vermischen. Falls die Masse zu fest ist, etwas mehr Öl hinzufügen. Die Spitze: darunter Nussbrot, darüber gehackte Haselnüsse.

Obatzter

Ein reifer Camembert wird mit 1 EL weicher Butter verknetet. Mit Paprikapulver, 1 TL fein gehackte Zwiebel und evtl. etwas Kümmel würzen.

Pfirsichscheiben

Auf jungen Gouda legen.

Quark

Mit Honig gesüßt. Einige abgezogene Mandeln oder Pistazien in der Pfanne fettfrei rösten und darunter rühren.

Radieschen

In Scheiben schneiden und mit etwas Schnittlauch bestreuen.

Schnittlauchcreme
Ein Bund Schnittlauch in Röllchen schneiden, mit 1 EL Zitronensaft, Jodsalz, Pfeffer und 4 EL Crème fraîche verrühren.

Sprossen
Auf dünnen Käsescheiben, Quark oder Hüttenkäse.

Tomaten
In Scheiben schneiden und nach Wunsch mit Jodsalz, Pfeffer, gehackter Zwiebel, Schnittlauch oder Kräutern würzen.

U wie Überbackenes
Überbackene Toasts (⇢ Seite 194).

Verlorene Eier
Wasser leicht salzen, mit einem Schuss Essig würzen und zum Kochen bringen. Die Eier einzeln in eine Schöpfkelle aufschlagen und vorsichtig in das siedende Wasser geben. Nach 5 Minuten herausheben, abschrecken. Die Ränder rund schneiden und auf rund ausgestochene Brotscheiben setzen (die Reste schon mal „vorkosten“). Mit Kresse garnieren.

Weintrauben
Halbieren, entkernen und auf milden Schimmelkäse legen.

Zwetschenmus
Mit etwas Zimt bestreuen.

Smörrebröd

Schon der Name zergeht auf der Zunge! Die dänischen Butterbrote schmecken nicht nur gut, sie sehen auch so appetitlich aus, dass man sofort zubeißen möchte. Die Schweden servieren ihren Gästen alle Zutaten – von Fisch bis Fruchtsalat – zum Selbstgestalten auf einem „smörgasbord", einem Butterbrotbuffet.

Grundlage: ein gebuttertes Vollkornbrot mit einem Salatblatt belegt.

Darauf kommen wahlweise folgende Zutaten:

- Ein paar Streifen Käse mit Weintrauben und Walnusskernen anordnen.

- Scheiben von Tomaten und harten Eiern abwechselnd schichten. Mit Jodsalz und Pfeffer würzen und mit einem Klacks Kräuterquark garnieren.

- Ein Kressenest zwischen Eierscheiben setzen.

- Eine halbe Scheibe gekochten Schinken mit Gurkenscheiben und Backpflaume verzieren.

- Matjes mit Zwiebelringen und Radieschen oder Apfel arrangieren.

- Scheiben von gebratener Hähnchenbrust mit Ananasstückchen servieren.

- Gekochte Spargelspitzen in dünne Scheiben von Lachsschinken wickeln, sodass die Köpfe herausschauen.

Salat und Rohkost

Salat passt immer. Im Sommer ersetzt er an heißen Tagen die warme Mahlzeit, im Winter sorgt er für einen kräftigen Vitaminschub. Zu jedem Hauptgericht ist er eine willkommene Ergänzung und mit jeder Zutat präsentiert er sich neu, leicht oder sättigend, alltäglich, exotisch oder festlich. In diesem Kapitel werden sowohl Salate vorgestellt, die als sättigendes Hauptgericht geeignet sind, als auch klassische Beilagensalate in neuen Variationen. Sie eignen sich zum Beispiel mit einem gebutterten Vollkornbrötchen als leichte Abendmahlzeit.

Grundrezept Salatsoße

Salatsoße wird in jeder Familie anders zubereitet. Dieses einfache Rezept hat den Vorteil, dass es zu jeder Salatmischung passt. Es hält sich im Kühlschrank eine Woche. Am besten wird die Soße in einem Glas mit Schraubverschluss aufbewahrt. Bevor man sie verwendet, muss sie einmal kräftig geschüttelt werden.

Pro Mahlzeit 1 EL Essig mit Salz, Pfeffer, 1/2 TL Senf und 1 Prise Zucker verrühren. Nach und nach 3 EL Öl (z. B. Raps- oder Olivenöl, auch möglich: Kürbiskern- oder Walnussöl) hineinrühren.

Variante
Vor dem Gebrauch nach Geschmack 1–2 EL Kräuter (auch TK-Kräuter) oder klein gehackte Zwiebeln hinzufügen.

Grüner Salat

Ein großer Kopf grüner Salat, Salatsoße aus dem Vorrat

Von den Salatköpfen die äußeren Blätter entfernen. Die anderen Blätter von den weißen Strünken befreien, waschen, trocknen und in mundgerechte Stücke zupfen. Erst unmittelbar vor dem Servieren mit der Salatsoße vermischen, da die Blätter sonst zusammenfallen.

Variante
Blattsalate können vielfach und ohne großen Aufwand geschmacklich verändert werden, z. B. durch Sprossen, Sonnenblumenkerne oder andere Kerne, klein geschnittenes Gemüse wie Paprika, Tomate, Gurke, geröstete Brotwürfel, Krabben, Schinkenwürfel oder Streifen von geräucherter Putenbrust.

Tipp

Grüner Salat kann durch andere Blattsalate ersetzt oder mit ihnen gemischt werden. Geeignet sind zum Beispiel Feldsalat, Radicchio, Rauke, Lollo rosso oder Eichblattsalat. Auch Eissalat kommt in Frage. Er ist etwas fester und knackiger als Kopfsalat und kann bis zu einer Stunde vor dem Servieren angemacht werden. Wenn es besonders schnell gehen soll, sind fertige Salatmischungen eine Alternative.

Grüner Salat mit Paprika

1	Kopfsalat oder andere Salate
2	rote Paprika
je 1 Bund	Schnittlauch und Petersilie (ersatzweise: 3–4 EL TK-Kräuter)
4 EL	Joghurt
3 EL	Öl
1 TL	Senf
5 EL	Orangensaft
	Jodsalz, frisch gemahlener Pfeffer

1. Salat putzen, waschen, trocknen, in mundgerechte Stücke zupfen, Paprikaschoten putzen, in Streifen oder Ringe schneiden. Beides in einer Schüssel mischen.
2. Die Kräuter waschen und fein hacken, TK-Kräuter antauen lassen.
3. Alle übrigen Zutaten zu einer Soße verrühren, mit dem Salat mischen.
4. Kräuter darüber streuen.

Rote-Bohnen-Salat

Berücksichtigen Sie zusätzliche Zeit zum Durchziehen

1 Dose	**Rote Bohnen (250 g Abtropfgewicht)**
1	**mittelgroße Zwiebel**
3 EL	**Rotweinessig**
3 EL	**Öl**
½ TL	**Jodsalz**
	frisch gemahlener Pfeffer
1 Msp.	**Chilipulver**

1. Die Bohnen gut abtropfen lassen und kurz mit warmem Wasser abspülen, Zwiebel fein hacken.
2. Aus Rotweinessig, Öl, Salz, frisch gemahlenem Pfeffer und Chilipulver eine Soße rühren. Die Zwiebel und die Bohnen hineingeben.
3. Ca. 1 Stunde bei Zimmertemperatur durchziehen lassen.
4. Mit Vollkornbrötchen servieren.

Tipp

Bohnen gehören zu den Nahrungsmitteln, die durch Konservierung nur wenig an Qualität und Geschmack einbüßen. Dadurch werden sie zur schnellen Wahl für ein kleines Abendessen.

Rote Bohnen mit Schafskäse

Berücksichtigen Sie zusätzliche Zeit zum Durchziehen

1 Dose	Rote Bohnen (250 g Abtropfgewicht)
1 EL	Rotweinessig
3 EL	Olivenöl
	Jodsalz, frisch gemahlener Pfeffer
2	Knoblauchzehen
4	Salatblätter
250 g	griechischer Schafskäse
1 EL	Oregano

1. Die Bohnen abtropfen lassen und abspülen. Aus Rotweinessig, Olivenöl, Salz, Pfeffer und den zerdrückten Knoblauchzehen eine Marinade rühren und die Bohnen damit vermischen. Je nach Geschmack 30 Minuten ziehen lassen.
2. Die Salatblätter waschen, trocknen und auf Teller verteilen. Den Bohnensalat hineinfüllen.
3. Den Schafskäse vierteln und darüber bröseln.
4. Mit etwas Pfeffer und Oregano würzen.

Gurkensalat

1	Salatgurke
150 g	Joghurt
1 TL	Zitronensaft
	Jodsalz, frisch gemahlener Pfeffer
1 Bund	Dill

1. Von der Salatgurke die Enden abschneiden. Dann die Gurke schälen und in feine Scheiben schneiden oder hobeln.
2. Aus Joghurt, Zitronensaft, Salz und Pfeffer eine Marinade herstellen und unter die Gurke heben.
3. Mit reichlich frisch gehacktem Dill bestreuen.

Tipp

Machen Sie den Salat gelegentlich mit saurer Sahne an. Das ist zwar fettreicher, schmeckt aber ausgezeichnet.

Rote-Bete-Salat

500 g	**Rote Bete**
	Salatsoße nach Grundrezept (···> Seite 110)
1	**Zwiebel**
2	**mittelgroße Äpfel**

1. Die Knollen je nach Größe etwa 20 Minuten kochen oder vorgekochte Rote Bete verwenden. Abschütten, erkalten lassen, mit Handschuhen schälen und würfeln.
2. Die Zwiebel schälen und würfeln. Die Äpfel schälen, würfeln und mit Rote Bete, Salatsoße und gewürfelter Zwiebel vermischen.

Variante
Sie können den Salat durch die Zugabe von Obst frischer schmecken lassen. Geeignet sind außer Äpfeln auch Ananas oder geschälte, entsteinte Pfirsiche.

Feldsalat (auch Rapunzel oder Ritscherle)

150 g	Feldsalat
1 EL	Weißweinessig
1 EL	Joghurt
3 EL	Olivenöl
1	Knoblauchzehe
1	Schalotte
	Jodsalz, frisch gemahlener Pfeffer

1. Die Salatblättchen an der Wurzel abschneiden. In kaltem Wasser schnell und gründlich waschen, trocknen. Schalotte schälen und fein hacken.
2. Aus Essig, Öl, Joghurt, Salz und Pfeffer eine Soße rühren. Knoblauchzehe schälen und hineinpressen. Zwiebeln dazugeben.
3. Unter den Salat heben und sofort servieren.

Eisbergsalat

1	Eisbergsalat
250 g	Joghurt
	Jodsalz, frisch gemahlener Pfeffer
1 TL	Honig
je 1–2 EL	frische Kräuter wie Petersilie oder Schnittlauch oder TK-Gartenkräuter

1. Den Eisbergsalat waschen, grob schneiden und trocknen.
2. Aus Joghurt, Salz, Pfeffer und Honig eine Soße zusammenrühren und darunter heben.
3. Reichlich mit frisch gehackten Kräutern bestreuen.

Fruchtiger Eisbergsalat

1	Eisbergsalat
1	Apfel
	etwas Zitronensaft
3	zarte Stangen Staudensellerie
½	grüne Paprika
100 g	Erdbeeren
50 g	Crème fraîche
50 g	Joghurt
	Jodsalz, frisch gemahlener Pfeffer
½ TL	Zucker

1. Den Eisbergsalat waschen, in grobe Streifen schneiden und trocknen.
2. Apfel fein schneiden und mit etwas Zitronensaft beträufeln, damit er nicht braun wird.
3. Staudensellerie und Paprikaschote in feine Streifen schneiden.
4. Alle Zutaten einschließlich der Erdbeeren mit dem Eisbergsalat vermischen.
5. Aus Crème fraîche und Joghurt, Salz, Pfeffer und Zucker eine Soße herstellen und unter die Zutaten heben.

Variante
Gehaltvoller wird der Salat, wenn Sie noch einige Streifen Butterkäse oder etwas kaltes Huhn hinzufügen.

Geraspelter Selleriesalat

1	kleine Sellerieknolle
2 EL	Mayonnaise oder Schmand
1	Zitrone
1 TL	Senf
	Jodsalz, frisch gemahlener Pfeffer

1. Die Sellerieknolle schälen und raspeln.
2. Eine Soße aus Mayonnaise bzw. Schmand, dem Saft der Zitrone, Senf, Salz und Pfeffer rühren und unter den Sellerie heben.

Amerikanischer Krautsalat

300 g	Weißkohl
100 g	Möhren
2 EL	Balsamico-Essig
2 EL	Öl
1 EL	Senf
1 TL	Kümmel
	Jodsalz, frisch gemahlener Pfeffer

1. Weißkohl in feine Streifen schneiden und Möhren raspeln, mischen.
2. Aus den übrigen Zutaten ein Dressing rühren und mit dem Gemüse mischen.
3. Ca. 30 Minuten ziehen lassen.

Variante
Im Herbst erfrischend und farbig mit ca. 150 g blauen Weintrauben.

Weißkohlsalat mit Rosinen und Nüssen

400 g	Weißkohl
200 ml	Gemüsebrühe
1	kleine Zwiebel
100 g	Rosinen
50 g	gehackte Nüsse (z. B. Haselnüsse oder Walnüsse)
150 g	Crème fraîche
2 EL	Zitronensaft
1 TL	Honig
½ TL	Jodsalz
	frisch gemahlener Pfeffer

1. Weißkohl putzen und in feine Streifen schneiden. Gemüsebrühe erhitzen und über den Weißkohl geben. Jodsalz darüber streuen, mit den Händen gut durchkneten und kurz durchziehen lassen. Die Flüssigkeit abgießen.
2. Zwiebel hacken und mit den Rosinen und Nüssen in den Kohl geben.
3. Crème fraîche, Zitronensaft, Honig, Jodsalz und Pfeffer glatt rühren und zum Salat geben. Gut vermischen.

Tipp

Weißkohl gibt es fast das ganze Jahr über aus heimischem Gemüseanbau. Die spät im Jahr geernteten Sorten sind 7 bis 8 Monate lagerfähig.

Apfel-Lauch-Salat

200 g	Lauch ohne hartes Grün
2	Äpfel
150 g	Joghurt
4–6 TL	Zitronensaft
3 EL	gehackte Haselnüsse
	etwas Zucker

1. Den Lauch putzen, gut waschen und in feine Scheiben schneiden. Die Äpfel waschen, evtl. schälen, grob raffeln.
2. Joghurt und Zitronensaft miteinander verrühren, gehackte Haselnüsse zugeben und mit Zucker abschmecken.
3. Lauch und Äpfel in die Soße geben, untermischen, nochmals abschmecken und durchziehen lassen.

Lauch-Linsen-Salat

160 g	rote Linsen, getrocknet
2 l	Gemüsebrühe
200 g	Möhren
400 g	Lauch
4 EL	Weinessig
2 TL	Senf
1 EL	Öl
	Jodsalz, frisch gemahlener Pfeffer, gehackte Petersilie

1. Linsen in 2 Liter Gemüsebrühe ca. 15 Minuten garen. Während der letzten 10 Minuten die klein gewürfelten Möhren zugeben. Dann abgießen und auskühlen lassen.
2. Lauch in sehr feine Ringe schneiden, mit den Linsen und Möhren mischen.

3. Aus Weinessig, Senf, Öl, Gewürzen eine Soße bereiten und mit dem Gemüse vermengen.
4. Eine halbe Stunde durchziehen lassen und zum Schluss mit Petersilie bestreuen.

▶ **Dazu passt** ein Käse-Vollkornbrötchen.

Tipp

- Lässt sich gut am Vorabend vorbereiten.
- Schneller geht es mit Linsen aus der Konserve.

Radieschensalat

3–4 Bund	**Radieschen**
3 EL	**Öl**
2 EL	**Essig**
	Jodsalz
1 TL	**fein gehackte Kräuter**

1. Die Radieschen putzen, waschen, fein hobeln.
2. Eine Soße aus Öl, Essig, Salz und fein gehackten Kräutern verrühren, zu den Radieschen geben und vermischen.
3. 10 Minuten ziehen lassen und noch mal abschmecken.

Bunter Radieschensalat

2 Bund	Radieschen
1 Bund	Frühlingszwiebeln
1	Apfel
150 g	Schnittkäse (z. B. Gouda, Edamer)
2	hart gekochte Eier
2 TL	Senf
125 g	Joghurt
	Saft einer Zitrone
	Jodsalz, frisch gemahlener Pfeffer
½ TL	Zucker

1. Radieschen putzen, waschen und in Scheiben schneiden, Frühlingszwiebeln putzen, waschen und klein schneiden, Apfel vierteln, entkernen, in Stücke schneiden, den Käse in Streifen oder Würfelchen schneiden, die Eier achteln. Alles mischen.
2. Joghurt, Senf und Zitronensaft miteinander verrühren, mit Salz, Pfeffer und Zucker abschmecken und zum Salat geben.
3. 10 Minuten ziehen lassen.

Radieschenkäse

2 Bund	Radieschen
2	Gewürzgurken
250 g	Hüttenkäse
	Jodsalz, frisch gemahlener Pfeffer

1. Radieschen putzen, waschen und grob hacken. Gewürzgurken ebenfalls grob hacken. Beides unter den Hüttenkäse mischen.
2. Mit Salz und Pfeffer abschmecken.

Abendgeknusper

Kinder mögen es, wenn ihr Essen lustige Namen hat. Schon deshalb wird ihnen dieses leichte Abendbrot schmecken.

200 g	Hüttenkäse
1 Bund	Schnittlauch
1	kleine Salatgurke
4	Scheiben Knäckebrot
	Jodsalz, frisch gemahlener Pfeffer

1. Gurke grob raspeln oder in kleine Stücke schneiden, Schnittlauch in Röllchen schneiden, Knäckebrot bröseln.
2. Alles vorsichtig unter den Hüttenkäse mischen, salzen, pfeffern.

Kerniger Kohlrabisalat

2–3	Kohlrabi
3 EL	Kräuter
2 EL	Öl
3 EL	Essig
1 TL	Senf
	Zucker
je ½ TL	Jodsalz und frisch gemahlener Pfeffer
3 EL	Mineralwasser (mit Kohlensäure)
2 EL	Sonnenblumenkerne

1. Kohlrabi waschen, schälen und in Streifen schneiden. Kräuter hacken und unter den Kohlrabi mischen.
2. Aus Essig, Öl und Gewürzen eine Salatsoße mixen. Mit dem Mineralwasser aufgießen und über das Gemüse geben.
3. Die Sonnenblumenkerne in einer (beschichteten) Pfanne ohne Öl rösten, etwas abkühlen lassen und ebenfalls unter den Salat heben.
4. Mindestens 10 Minuten durchziehen lassen.

Kohlrabisalat

2–3	Eier, hart gekocht
750 g	Kohlrabi
2 Tabletts	Kresse
4 EL	Zitronensaft
6 EL	Sonnenblumenöl
2 TL	Kräutersenf
1 EL	Weißweinessig
	Jodsalz, frisch gemahlener Pfeffer
	Zucker
	Muskatnuss (frisch gerieben)
3 Scheiben	Vollkornbrot
3	Knoblauchzehen
20 g	Butter

1. Eier schälen und in Würfel schneiden. Kohlrabi schälen und grob raspeln. 1 ½ Tabletts Kresse (Rest zum Garnieren lassen) mit den Eiern unter den Kohlrabi mischen.
2. Aus Zitronensaft, Öl, Senf und Essig eine Soße rühren, mit Salz, Pfeffer, Zucker und Muskat würzen und unter den Kohlrabi mischen.
3. Brot klein würfeln. Knoblauch pellen und durch die Knoblauchpresse drücken. Mit Butter in der Pfanne bei kleinster Hitze erhitzen. Die Brotwürfel zugeben, unter Wenden goldbraun rösten.
4. Brotwürfel mit der restlichen Kresse auf den Salat geben.

Tipp

Kinder essen gern frischen, jungen Kohlrabi. In Streifen geschnitten eignet er sich gut für das zweite Frühstück in der Schule.

Tomaten mit Mozzarella und Basilikum

500 g	**Tomaten**
1 Päckchen	**Mozzarella (125 g)**
2 EL	**Balsamessig**
3 EL	**Olivenöl**
	Jodsalz, frisch gemahlener Pfeffer
1 Bund oder 1 Töpfchen	**Basilikum**

1. Die Tomaten waschen und in Scheiben schneiden, den Blütenansatz heraustrennen. Mozzarella in Scheiben schneiden.
2. Auf einem Teller Scheiben von Mozzarella und Tomaten gefächert anrichten.
3. Eine Soße aus Balsamessig, Olivenöl, Salz und Pfeffer darüber träufeln. Das Ganze mit vielen Blättchen Basilikum garnieren.

Variante: Tomaten mit glatter Petersilie und Schafskäse

500 g	Tomaten
1 EL	Rotweinessig
	Jodsalz, frisch gemahlener Pfeffer
3 EL	Olivenöl
100 g	Schafskäse
1 Bund	glatte Petersilie
1 Bund	Frühlingszwiebeln

Tomatenscheiben auf einem Teller aufschneiden. Salatsoße darüber geben, wobei statt des feinen Balsamessigs kräftig schmeckender Rotweinessig verwendet wird. Dünne Scheiben von Frühlingszwiebeln, Blättchen von glatter Petersilie und gekrümelter Schafskäse runden das leckere kleine Essen ab.

Tipp

Tomaten schmecken sehr gut mit einer einfachen Salatsoße, in die eine fein gewürfelte Zwiebel gegeben wurde (→ Grundrezept Salatsoße, Seite 110).
Auch als Brotbelag, gewürzt mit etwas Jodsalz, frisch gemahlenem Pfeffer und Schnittlauch sind sie geeignet.

Gefüllte Tomaten

4	große Tomaten
1	Apfel (oder ½ Ananas)
1	Zitrone
100 g	Putenbrust
50 g	Senfgurken
3 EL	Joghurt
1 TL	Senf
	Jodsalz, frisch gemahlener Pfeffer

1. Tomaten waschen, entdeckeln und mit einem Teelöffel aushöhlen.
2. Apfel schälen, vierteln, entkernen, fein würfeln und mit etwas Zitronensaft beträufeln. Mit Putenbruststreifen und Senfgurkenwürfeln mischen.
3. Aus Joghurt, Senf, etwas Salz und frisch gemahlenem Pfeffer eine Soße rühren und unter die restlichen Zutaten heben.
4. Die Tomaten damit füllen und die Deckel wieder aufsetzen.

Kartoffelsalat

1 kg	festkochende Kartoffeln
2 EL	Weinessig
5 EL	Pflanzenöl
	Jodsalz, frisch gemahlener Pfeffer
1	Zwiebel
3–5	Gewürzgurken

1. Kartoffeln kochen, pellen und in Scheiben schneiden.
2. Mit einer Soße aus Essig, Öl, Salz, Pfeffer, gewürfelter Zwiebel und Scheiben von Gewürzgurken vermischen.

Variante: Kartoffelsalat mit Brühe und Apfel

Würzig und leicht schmeckt der Kartoffelsalat, wenn er mit Gemüsebrühe angemacht wird.

1 Tasse	**heiße Gemüsebrühe**
1	**Apfel**
2 EL	**Weinessig**
1 EL	**Öl**
1	**kleine Zwiebel**

Die Kartoffelscheiben mit der Gemüsebrühe übergießen, mit Apfelstückchen, Essig, Öl, gehackter Zwiebel, Salz und Pfeffer anmachen.

Tipp

Kartoffelsalat sollte immer dann eingeplant werden, wenn es am Tag vorher ein Gericht mit Pellkartoffeln gibt. Dann kann die entsprechende Menge Kartoffeln mit vorgekocht werden.

Kartoffelsalat mit Putenbrust

600 g	**festkochende Kartoffeln**
2–3 Stangen	**Staudensellerie**
100 g	**geräucherte Putenbrust**
100 g	**Champignons**
2 EL	**Öl**
2 EL	**Weißweinessig**
	Jodsalz, frisch gemahlener Pfeffer
	Kümmel
1	**Zwiebel**

1. Kartoffeln kochen, pellen und in Scheiben schneiden, Staudensellerie in feine Scheiben schneiden und dazugeben.
2. Putenbrust in Streifen, Champignons in Scheiben schneiden und beides in 1 EL Öl ca. 5 Minuten kräftig braten.
3. Das restliche Öl und den Essig zusammen mit Salz, Pfeffer und einer Prise Kümmel erwärmen. Über den Salat geben.
4. Die Champignons und die Putenbrust dazugeben, durchmischen und 10 Minuten ziehen lassen.
5. Die Zwiebel fein hacken und darüber streuen. Noch einmal durchmischen.

Geraspelte Möhren

250 g	**Möhren**
1	**Ei**
1 TL	**Senf**
3 EL	**Öl**

1. Möhren dünn schälen und raspeln.
2. Das Ei hart kochen. Eigelb herauslösen und mit Senf, Salz und Pfeffer verrühren. Das Eiweiß würfeln und mit dem Eigelb mischen. Öl hineinrühren.
3. Soße mit den Möhren mischen.

Möhren-Apfel-Rohkost

500 g	**Möhren**
1	**Apfel**
2 EL	**Zitronensaft**
1 TL	**Zucker**

1. Die Möhren waschen und abschaben oder schälen und nach Geschmack grob oder fein reiben. Den Apfel schälen und reiben.
2. Den Zitronensaft darüber geben, gut mit dem Zucker mischen und alles zugedeckt etwa eine halbe Stunde ziehen lassen.

Tipp

Möhren sind sehr gut lagerfähig und daher fast immer aus heimischem Anbau verfügbar. Erntezeit aus dem Freiland ist von Juni bis November. Beliebt sind sie bei Kindern roh zum Brot.

Chinakohlsalat

1	kleiner Chinakohl
2 EL	Öl
2 EL	Weißweinessig
	Jodsalz, frisch gemahlener weißer Pfeffer
1	rote Paprikaschote
½ Bund	Petersilie
2	Eier, hart gekocht

1. Den Chinakohl waschen, den weißen Strunk herausschneiden, in feine Streifen schneiden.
2. Öl, Essig, Salz, Pfeffer zu einer Soße verrühren und darunter heben.
3. Paprikaschote putzen und würfeln, Petersilie fein hacken, hart gekochte Eier klein schneiden.
4. Alles unter den Salat heben.

Tipp

Chinakohl bläht kaum und ist lange lagerfähig: 2–3 Monate bei 0 °C und nicht zu hoher Luftfeuchtigkeit, selbst angeschnitten noch eine Woche im Gemüsefach. Kinder mögen seinen milden Geschmack.

Chinakohlsalat mit Mungobohnensprossen

1	mittelgroßer Chinakohl (ca. 500 g)
1	reife Mango
50 g	gehackte Walnüsse
150 g	Mungobohnensprossen
1 kleines Stück	frischer Ingwer
2 EL	Sojasoße
2 EL	Essig
5 EL	Öl
	Jodsalz, frisch gemahlener Pfeffer
1	Knoblauchzehe
2	Orangen

1. Chinakohl putzen, halbieren und in feine Streifen schneiden. Mango schälen und in dünne Scheiben schneiden.
2. Gehackte Walnüsse in einer Pfanne ohne Fett rösten.
3. Mungobohnensprossen abbrausen und abtropfen lassen. Alles zusammen in einer Schüssel vermischen. Ingwer schälen und darüber reiben.
4. Aus Sojasoße, Essig, Öl, Salz, Pfeffer, der durchgepressten Knoblauchzehe und dem Saft der 2 Orangen eine Salatsoße rühren. Über den Salat geben und ca. 1 Stunde ziehen lassen.

▶ **Dazu passt** ein Vollkornbrötchen mit kräftigem Käse.

Variante
Anstelle der Mango Apfel- oder Birnenspalten zufügen.

Süßer Sauerkrautsalat

400 g	**Sauerkraut**
1	**Banane**
2	**säuerliche Äpfel**
2 EL	**Honig**
	evtl. einige Rosinen

1. Sauerkraut auseinanderzupfen und zerkleinern. Banane schälen und in dünne Scheiben schneiden. Die Äpfel schälen und raspeln. Das Obst sofort unter das Sauerkraut mischen.
2. Honig in etwas warmem Wasser auflösen und den Salat damit würzen. Wer mag, kann noch eine Handvoll Rosinen untermischen.

Variante
Auch andere Obstsorten vertragen sich gut mit Sauerkraut. Variieren Sie diesen Salat einmal mit Clementinen oder Ananas.

Apfel-Sauerkrautsalat

350 g	**Sauerkraut**
2	**große würzig-aromatische Äpfel (ca. 400 g)**
200 g	**gekochter Schinken**
200 g	**Crème fraîche**
1 EL	**gehackte Petersilie**
2 EL	**fein gehackte Haselnüsse**
	Jodsalz, frisch gemahlener Pfeffer
	Zucker

1. Sauerkraut abtropfen lassen und grob zerschneiden.
2. Die Äpfel säubern, vierteln, entkernen und in feine Stifte schneiden. Sofort unter das Sauerkraut mischen.
3. Den Schinken in kurze Streifen schneiden und unterheben.
4. Für die Marinade Crème fraîche mit Petersilie und Haselnüssen vermischen, mit Salz, Pfeffer und Zucker abschmecken und unter die Salatzutaten heben.
5. 30 Minuten durchziehen lassen.

Tipp

Sauerkraut ist, als Rohkost genossen, gerade in den Wintermonaten eine Vitaminbombe. Um auch den Kindern, die nicht so gern Saures mögen, das Kraut schmackhaft zu machen, können Sie wie in unseren Rezeptvorschlägen mit Obst für eine süße Note sorgen.

Der bunte Teller

Er ist nicht so süß wie ein bunter Teller in der Weihnachtszeit. Aber frisch und vielfarbig kann und sollte er aussehen. Aus welchen Zutaten Sie die bunte Palette zusammenstellen, bleibt Ihrer Fantasie und den Möglichkeiten Ihrer Vorratskammer überlassen. Hier einige Vorschläge:

Weiß:	**kleine Rettiche oder Sprossen, Kohlrabi, Pastinaken**
Rot:	**Cocktailtomaten oder Radieschen**
Gelb:	**hart gekochte halbe Eier oder Käsewürfel, gelbe Paprika oder Zucchini**
Grün:	**dicke Scheiben von Salatgurke oder Paprikastreifen**

1. Die Zutaten zerkleinern und auf einer Platte anrichten.
2. Kräuterquark (⟶ Seite 172) und Dips, z. B. unseren folgenden Basilikum-Dip, zu diesem kalten Gemüse-Fondue servieren.

Basilikum-Dip

200 g	Frischkäse
2 TL	Zitronensaft
6 EL	Schlagsahne oder Milch
	Jodsalz, frisch gemahlener Pfeffer
1 TL	Honig
2 Bund	Basilikum

1. Frischkäse mit Zitronensaft und Sahne glatt rühren.
2. Mit Salz, Pfeffer, Honig abschmecken.
3. Basilikum hacken und unterrühren.

Tipp

Sie können Dips ganz einfach herstellen, indem Sie Magerquark mit etwas Milch glatt rühren oder einen Teil Joghurt zugeben. Die Creme wird nach Wunsch abgeschmeckt: mit Salz und Pfeffer, Tomatenmark, Paprika oder Kräutern.

Rohkost auf Italienisch

Italienisch wird es, wenn Sie die Zutaten für einen Dip auf den Tisch stellen (z. B. Olivenöl, Zitronensaft, Weinessig, Jodsalz, Pfeffer, Joghurt, Senf, Oliven und Kapern) und jeden selbst mischen lassen. Folgende Gemüsesorten (gewaschen und geputzt) sind geeignet: Staudensellerie, Blumenkohl, Champignons, Chicoree, Fenchel, Frühlingszwiebeln, Gurken, Paprikaschoten oder Radieschen.

Gefüllte Sellerieschiffchen

4 Stangen	**Staudensellerie**
	Saft von 1 Zitrone
200 g	**Gorgonzola**
2 EL	**Schlagsahne**
	Jodsalz, frisch gemahlener Pfeffer
	blaue Trauben und Walnusshälften

1. Selleriestangen von den Blättern befreien (Blätter aufbewahren), putzen, waschen und in etwa 10 cm lange Stücke teilen. Mit dem Zitronensaft in eine Schüssel mit Wasser legen.
2. Käse mit Sahne zu einer weichen Creme verrühren. Mit Salz und Pfeffer abschmecken.
3. Die Sellerieschiffchen auf den Blättern anrichten, mit der Creme füllen und mit den halbierten Trauben und den Walnusshälften garnieren.
4. Vor dem Servieren noch einmal 15 Minuten in den Kühlschrank stellen.

Tipp

Die Creme eignet sich auch zum Füllen großer Zuchtchampignons und schmeckt als Dip gut zu Möhren.

Gazpacho (Andalusische Gemüsesuppe)

1	Knoblauchzehe
2 EL	Olivenöl
5	Tomaten
1	Zwiebel
½ TL	Jodsalz
½ TL	Paprikapulver
½ TL	frisch gemahlener Pfeffer
1 ½ TL	Essig
	kaltes Wasser nach Bedarf
200 g	Salatgurke
	Eiswürfel

1. In einer großen Salatschüssel eine Knoblauchzehe mit dem Holzlöffel zerdrücken und mit dem Olivenöl zu einer Paste verrühren.
2. Dazu kommen die gewürfelten Tomaten, die fein gehackte Zwiebel, Salz, Pfeffer, Paprikapulver, Essig und kaltes Wasser nach Bedarf.
3. Eine halbe Stunde ruhen lassen. In dieser Zeit die Salatgurke schälen, entkernen und fein hacken. 10 Minuten vor dem Servieren einrühren.
4. Mit einigen Eiswürfeln und – falls die Suppe zu dick ist – mit etwas Wasser auffüllen.

▶ **Dazu passt** Weißbrot.

Variante
Gazpacho ist eine kalte Suppe, die besonders im Sommer beliebt ist. Es gibt zahlreiche Variationsmöglichkeiten. In manchen Rezepten wird die Suppe mit Gemüsebrühe oder Tomatensaft hergestellt, in manchen wird ganz auf zusätzliche Flüssigkeit verzichtet. Fein gewürfelte rote Paprikaschoten oder Brotwürfel sind ebenfalls häufige Einlagen.

Warme Küche

Suppen und Eintöpfe

Suppen und Eintöpfe eignen sich oft hervorragend zum Einfrieren. Zwar dauert die Zubereitung manchmal etwas länger. Doch haben Sie bei Bedarf im Handumdrehen eine komplette Mahlzeit auf dem Tisch. Die Zutaten sind für 4 Personen berechnet. Sie lassen sich jedoch für die Vorratshaltung beliebig vervielfachen.

Suppen

Gemüsesuppe

2 Pakete	**frisches oder TK-Suppengemüse oder nach Belieben andere TK-Gemüsesorten à 300 g (oder die entsprechende Menge aus einem Großbeutel)**
1 l	**Gemüsebrühe**
	Jodsalz, frisch gemahlener Pfeffer
1 EL	**Butter**

1. Frisches Gemüse wird geputzt, in grobe Stücke geschnitten und in der Gemüsebrühe gegart (tiefgefrorenes Gemüse nach Packungsangabe garen).
2. Falls Pellkartoffel-Reste vorhanden sind, werden sie gewürfelt und wie Nudeln oder Reis in der Suppe heiß gemacht. Ansonsten können auch Würfel von getoastetem Vollkorntoast über die fertige Suppe gestreut werden.
3. Mit Salz, Pfeffer und Butter abschmecken.

Varianten

- 3 EL frisch geriebenen Parmesan über die Suppe geben, dann erinnert sie an eine Minestrone.
- Vom Vortag Nudeln, gewürfelte Pellkartoffeln oder Reis hinzugeben.

Böhmische Kartoffelsuppe

1 kg	Kartoffeln
500 g	Möhren
250 g	Sellerie
150 g	Zwiebeln
2 EL	Öl
1 l	Wasser
½ TL	Jodsalz
	frisch gemahlener Pfeffer
1 TL	Majoran
½ TL	Kümmel
1	Knoblauchzehe
	Petersilie
	evtl. geröstete Brotwürfel

1. Kartoffeln, Möhren und Sellerie schälen, waschen und würfeln. Zwiebeln fein hacken und in Öl hellgelb braten. Die Gemüsewürfel dazugeben, Wasser angießen und zugedeckt eine halbe Stunde kochen lassen.
2. Etwa die Hälfte der Kartoffeln und des Gemüses herausnehmen, den Rest im Topf pürieren.
3. Die herausgenommenen Würfel zurückgeben und die Suppe mit Salz, Pfeffer, Majoran und Kümmel abschmecken.
4. Direkt vor dem Servieren eine zerdrückte Knoblauchzehe, frisch gehackte Petersilie und evtl. geröstete Brotwürfel zufügen.

Tipp

Die (Rest-)Menge, die eingefroren wird, ganz pürieren, da Kartoffeln nach dem Auftauen in der Regel ihre Konsistenz verändern und glasig und krümelig werden.

Tomatensuppe

500 g	passierte Tomaten aus der Packung
1	Zwiebel
30 g	Mehl
30 g	Butter
300 ml	Gemüsebrühe
	Jodsalz, frisch gemahlener Pfeffer
½ Bund	Petersilie

1. Die Zwiebel fein würfeln, die Butter in einem Topf zergehen lassen und die Zwiebel darin glasig dünsten. Das Mehl darüber stäuben und umrühren.
2. Die Brühe und die passierten Tomaten dazugeben, kurz aufkochen. Dabei mit dem Schneebesen kräftig durchschlagen. Etwa 10 Minuten köcheln lassen.
3. Mit Salz, Pfeffer und gehackter Petersilie abschmecken.

Varianten

- Die Suppe schmeckt feiner, wenn man Schmand unterrührt.
- 50 g Frischkäse machen sie würziger.
- Durch gekochten Reis (1 Tasse) wird sie sättigender.
- Wird die Suppe auf Vorrat gekocht, sollte sie erst nach dem Auftauen verändert werden.

Selleriecremesuppe

500 g	Sellerieknolle
1 l	Wasser
40 g	Weizenvollkornmehl
20 g	Butter
½ TL	Jodsalz
	frisch gemahlener Pfeffer
1–2 TL	Currypulver
2 EL	Sahne

1. Sellerieknolle schälen, grob würfeln und in 25 Minuten weich kochen lassen.
2. Abgießen und das Kochwasser auffangen.
3. Sellerie mit dem Schneidstab pürieren.
4. Weizenvollkornmehl in der Butter anschwitzen. Mit dem Kochwasser aufgießen, dabei kräftig rühren.
5. Selleriemus hinzufügen, mit Salz, Pfeffer, Currypulver und Sahne abschmecken.

Achtung! Eingefrorene Selleriesuppe vor dem Erhitzen antauen lassen oder in der Mikrowelle ganz auftauen, da sie leicht anbrennt.

Tipp

Lecker schmecken dazu Brotcroûtons: Eine Scheibe Brot in Würfel schneiden und in (Knoblauch-)Butter in einer Pfanne kurz rösten.

Kartoffelcremesuppe

1	Möhre
700 g	mehlig kochende Kartoffeln
1	Zwiebel
2 EL	Öl (z. B. Rapsöl)
½ l	Gemüsebrühe
250 g	Schlagsahne
½ TL	Jodsalz
	frisch gemahlener Pfeffer
2 Scheiben	Toast

1. Möhre, Kartoffeln, Zwiebel schälen und würfeln.
2. 1 EL Öl erhitzen, das Gemüse darin andünsten. Die Brühe dazugeben, 20 Minuten kochen lassen.
3. Das Gemüse mit dem Kartoffelstampfer oder Schneebesen zerstampfen.
4. 150 g Sahne dazu, aufkochen, würzen.
5. Die restliche Sahne halb steif schlagen und auf die Suppe geben.
6. Toast würfeln, in 1 EL Öl rösten und auf die Suppe streuen.

Tipp

So wird die Zwiebel besonders fix gewürfelt: Längs durchschneiden, auf die Schnittflächen legen, erst längs, dann quer in Streifen schneiden, sie zerfällt in kleine Würfel.

Brokkolicremesuppe

1	Paket TK-Brokkoli (300 g)
½ l	Gemüsebrühe
125 g	Crème fraîche
2 EL	gemischte gehackte Kräuter, z. B. Petersilie und Schnittlauch oder TK-Kräuter
½ TL	Jodsalz
	frisch gemahlener Pfeffer
	frisch geriebene Muskatnuss
1–2 TL	Worcestersoße
2 EL	gehobelte Mandeln

1. Gemüsebrühe erhitzen, Brokkoli hineingeben, aufkochen lassen und bei mittlerer Hitze etwa 12 Minuten garen. Mit dem Schneidstab pürieren.
2. Die Mandeln in einer Pfanne ohne Fett goldbraun rösten.
3. Von der Crème fraîche 4 EL zum Dekorieren zurückbehalten, den Rest zur Suppe geben, verrühren, erhitzen, aber nicht kochen lassen. Kräuter unterrühren.
4. Die Suppe mit Salz, Pfeffer, einer Prise Muskat und einem Schuss Worcestersoße abschmecken.
5. Auf jede Portion einen EL Crème fraîche und die Mandeln geben.

Lauchcremesuppe

300 g	Lauch
1	Zwiebel
2 EL	Butter
2	große Kartoffeln
½ l	Gemüsebrühe
¼ l	Milch
¼ l	Sahne
	Jodsalz

1. Den Lauch waschen, die grünen Spitzen abschneiden, die Stangen längs halbieren und in Streifen schneiden. Die Zwiebel würfeln und mit dem Lauch in der Butter glasig dünsten.
2. Kartoffeln schälen, würfeln und dazugeben. Mit Salz würzen und mit Brühe aufgießen. Bei schwacher Hitze etwa 25 Minuten köcheln lassen.
3. Vom Herd nehmen, mit dem Schneidstab des Handrührgeräts pürieren, wieder auf den Herd stellen und Milch und Sahne zugießen. Erhitzen, aber nicht kochen lassen.

Tipp

Lauchstangen können sehr verschmutzt sein. Sie werden am schnellsten gereinigt, wenn man sie der Länge nach fast aufschneidet und unter fließendem Wasser die einzelnen Schichten vom Schmutz befreit. Dann in Ringe schneiden.

Erbsencremesuppe

125 g	Weizenvollkornbrot (etwa 2 dickere Scheiben)
2 EL	Butter
2	Frühlingszwiebeln
200 g	TK-Erbsen
½ l	Gemüsebrühe
100 ml	Sahne
100 g	gekochter Schinken
	Jodsalz
	Zucker

1. Die Brotscheiben würfeln. In 1 EL Butter in einer Pfanne goldbraun braten.
2. Schinken in feine Streifen schneiden.
3. Frühlingszwiebeln putzen, waschen, in feine Ringe schneiden und in 1 EL Butter in einem Topf glasig dünsten. Unaufgetaute Erbsen dazugeben und kurz andünsten lassen. Mit Brühe aufgießen. Zugedeckt 5 Minuten köcheln lassen. Mit Salz und einer Prise Zucker abschmecken.
4. Die Suppe mit dem Schneidstab pürieren. Sahne zugießen, noch einmal erhitzen, aber nicht kochen lassen.
5. Die Suppe mit den Brotwürfeln und dem Schinken auf Tellern anrichten.

Endiviensuppe

1	großer Endiviensalat
60 g	Butter
1 l	Gemüsebrühe
100 g	Crème fraîche
½ TL	Jodsalz
2 Scheiben	Vollkorntoast
125 g	Nordseekrabben
1 EL	Parmesan

1. Salat putzen, waschen und in Streifen schneiden.
2. 50 g Butter zerlassen und die Salatstreifen darin 5 Minuten zugedeckt dünsten.
3. Brühe zugießen und weitere 5 Minuten kochen.
4. Mit dem Schneidstab grob pürieren. Crème fraîche unterheben, mit Salz abschmecken.
5. Toast entrinden, in der restlichen Butter goldbraun braten.
6. Suppe auf Teller geben. Brot, Krabben und Käse darauf anrichten.

Eintöpfe

Neben den klassischen Eintöpfen lassen sich viele neue Zusammenstellungen kreieren. Ein paar ungewöhnliche Varianten stellen wir hier vor.

Kohlrabi-Hirse-Eintopf

200 g	Hirse
4	Kohlrabi
2	Möhren
1 Bund	Frühlingszwiebeln
½ l	Gemüsebrühe
½ TL	Jodsalz
	frisch gemahlener Pfeffer
	Muskatnuss

1. Die Hirse abspülen, mit ¼ l Wasser aufkochen und bei kleiner Hitze 20 Minuten garen.
2. Kohlrabi putzen, schälen und in Streifen schneiden. Möhren putzen, schälen und in ca. 1 cm dicke Scheiben schneiden. Frühlingszwiebeln putzen und in dünne Ringe schneiden.
3. Gemüsebrühe zum Kochen bringen und das Gemüse darin bei mittlerer Hitze 10 Minuten garen. Hirse dazugeben und noch 3 Minuten kochen lassen.
4. Mit Salz, Pfeffer und frisch geriebenem Muskat würzen.

Brokkoli mit Birnen

1 kg	Brokkoli
1	Stange Lauch
4 EL	Butter
½ l	Gemüsebrühe
3	feste Birnen
1 EL	Semmelbrösel
40 g	gehackte Mandeln
½ TL	Jodsalz
½ TL	frisch gemahlener Pfeffer
	etwas abgeriebene Zitronenschale
½ TL	gemahlenes Piment

1. Brokkoli putzen und waschen. Die einzelnen Röschen abtrennen, Stiele in Scheiben schneiden. Lauch putzen, in Ringe schneiden, waschen.
2. Den Lauch in 2 EL Butter andünsten, Brokkoli dazugeben, bei mittlerer Hitze 3 Minuten garen. Brühe angießen, aufkochen lassen und das Gericht etwa 8 Minuten im geschlossenen Topf köcheln lassen.
3. In der Zwischenzeit die Birnen waschen und halbieren. Kerngehäuse entfernen und die Hälften in Spalten schneiden. 4 Minuten vor Ende der Garzeit zum Brokkoli geben.
4. Die restliche Butter in einer Pfanne erhitzen. Semmelbrösel und Mandeln darin goldbraun rösten.
5. Brokkoli mit Salz, abgeriebener Zitronenschale und Piment abschmecken. Mit den gebräunten Semmelbröseln und Mandeln bestreuen.

Tomaten-Sellerie-Eintopf

1 kg	Tomaten (oder die entsprechende Menge aus der Dose)
250 g	Staudensellerie
1	große Möhre
1 Bund	Frühlingszwiebeln
2 EL	Butter
800 ml	Gemüsebrühe
½ TL	Jodsalz
	frisch gemahlener Pfeffer
½	Bund Basilikum
1 EL	frische Rosmarinnadeln (ersatzweise: 1 TL getrocknete)
3 EL	geriebener Parmesan

1. Tomaten einritzen, mit kochendem Wasser übergießen und die Haut abziehen. Dann grob würfeln.
2. Sellerie putzen, mit dem Messer grobe Fäden abziehen, waschen und in Scheiben schneiden. Frühlingszwiebeln putzen, waschen und in Ringe schneiden.
3. Gemüse und Zwiebeln in einem großen Topf in der Butter andünsten. Mit Brühe aufgießen und 20 Minuten köcheln lassen.
4. Mit Salz und Pfeffer abschmecken.
5. Basilikum waschen, trocknen und in Streifen schneiden. Mit den Rosmarinnadeln zur Suppe geben. Parmesan darüber streuen.

Endivien untereinander

800 g	**vorwiegend festkochende Kartoffeln**
1	**großer Endiviensalat**
1 ½ EL	**Weißweinessig**
4 EL	**Sonnenblumenöl**
1	**große Zwiebel**
1	**Knoblauchzehe**
	Jodsalz, frisch gemahlener Pfeffer

1. Kartoffeln in der Schale in etwa 20 Minuten weich kochen.
2. In der Zwischenzeit Endiviensalat putzen, waschen und in schmale Streifen schneiden. Zwiebel schälen und fein würfeln. Aus Essig, Öl, Salz und Pfeffer eine kräftige Salatsoße rühren. Knoblauch hineinpressen, mit den Zwiebelstücken unter den Salat mischen.
3. Die Kartoffeln pellen und grob zerstampfen. Den Salat unterheben.

Aufläufe

Wer Aufläufe liebt, weiß auch ihre ganz praktischen Vorteile zu schätzen: Sie lassen sich gut vorbereiten, wenn mehr Zeit ist, sie garen allein im Backofen und geben Zeit für anderes Tun. Sie schmecken in der Regel auch aufgewärmt und eignen sich bestens für eine leckere Resteverwertung.

Gemüse-Auflauf

1	Zwiebel
1 EL	Butterschmalz
300 g	gemischtes TK-Gemüse
300 g	Nudeln
	Jodsalz, frisch gemahlener Pfeffer
evtl. 1 Prise	Thymian
1	Knoblauchzehe
2 EL	Crème fraîche
80 g	geriebener Emmentaler
	Butterflöckchen

1. Backofen auf 200 °C vorheizen.
2. Zwiebel fein hacken, in Butterschmalz andünsten. TK-Gemüse dazugeben und nach Packungsangabe auftauen lassen.
3. Nudeln bissfest kochen.
4. Das Gemüse nach Geschmack würzen, Knoblauchzehe hineinpressen und mit Crème fraîche verfeinern.
5. Abwechselnd mit den abgetropften Nudeln in eine dünn gefettete Auflaufform schichten. Emmentaler darüber streuen, einige Butterflöckchen darauf setzen.
6. 20 Minuten in den Backofen geben.

Varianten

- Ersetzen Sie die Nudeln durch gescheibelte Pellkartoffeln.
- Eine Soße aus 2 Eiern, 100 g saurer Sahne und 100 g Käse rühren und über den Auflauf gießen.
  Garzeit: 30 bis 40 Minuten.
- Statt des Emmentalers können Sie Mozzarella oder Schafskäse über den Auflauf geben.
- Verwenden Sie unterschiedliche Gemüsesorten, z. B. Brokkoli, gemischtes Gemüse oder Mais mit frischen Tomaten.

Spinat-Auflauf

450 g	**TK-Blattspinat**
250 g	**breite Bandnudeln**
½ TL	**Jodsalz**
1 EL	**Olivenöl**
200 g	**Frischkäse**
1/8 l	**Gemüsebrühe**
2	**Eier**
2	**Knoblauchzehen**
	frisch gemahlener Pfeffer
	Muskat
75 g	**Tilsiter**

1. Backofen auf 180 °C vorheizen.
2. Spinat nach Packungsangabe auftauen lassen.
3. Nudeln bissfest kochen, abtropfen lassen, Olivenöl untermischen.
4. Spinat ausdrücken, Frischkäse, Brühe, Eier und gepressten Knoblauch verrühren, würzen.
5. Mit den Nudeln vermischen und in eine Auflaufform geben. Mit Käse bestreuen und 30 Minuten backen.

Variante
Mischen Sie kleine Würfel von gekochtem Schinken oder Putenbrust, Maiskörner oder Mandelblättchen unter den Auflauf.

Frühlingsquark-Auflauf

500 g	Magerquark
4	Eier
50 g	Parmesan
1 ½	Tassen fein gewiegte Kräuter (am besten 2 oder 3 von diesen kombinieren: Dill, Melisse, Estragon, Kerbel, Brunnenkresse, Petersilie, Schnittlauch)
½ Tasse	Semmelbrösel
1 TL	Jodsalz
	frisch gemahlener Pfeffer
2 EL	Semmelbrösel
20 g	Butterflöckchen

1. Quark mit Eiern, frisch geriebenem Parmesan, Kräutern und ½ Tasse Semmelbrösel vermischen. Mit Salz und Pfeffer abschmecken und in den gewässerten Römertopf geben. Mit 2 EL Semmelbrösel bestreuen und mit einigen Butterflöckchen belegen.
2. In den kalten Backofen geben, bei 220 °C 60 Minuten backen lassen.

▶ **Dazu passt** ein Salat.

Kartoffel-Zuckerschoten-Gratin

700 g	**festkochende Kartoffeln**
500 g	**Zuckerschoten**
3	**Schalotten**
3–4 EL	**Butter**
2 EL	**Orangensaft**
1 Bund	**Basilikum**
50 g	**Semmelbrösel**
50 g	**gehackte Walnusskerne**
	Jodsalz, frisch gemahlener Pfeffer

1. Kartoffeln schälen, waschen, grob würfeln. In Salzwasser etwa 5 Minuten kochen, abgießen, abkühlen lassen.
2. Nusskerne und Basilikum grob hacken.
3. Backofen auf 180 °C vorheizen.
4. Zuckerschoten waschen und putzen. Schalotten schälen und fein würfeln. 2 gestrichene EL Butter in einer Pfanne erhitzen, Schalotten und Zuckerschoten darin 2 Minuten andünsten. Salzen und pfeffern.
5. Eine ofenfeste Form mit Butter dünn ausfetten. Kartoffeln, Schalotten und Zuckerschoten hineingeben. Mit Orangensaft beträufeln und mit Basilikum, Walnüssen und Semmelbröseln bestreuen. Die restliche Butter als Flöckchen darauf setzen.
6. Auf der mittleren Schiene des Backofens 10 Minuten überbacken.

Restepfanne

½	**Blumenkohl vom Vortag**
	gekochte Salzkartoffeln vom Vortag
2 Scheiben	**gekochter Schinken**
1 Stück	**beliebiger Hartkäse, ca. 75 g**
3–4	**Eier**
2 EL	**Öl**
1 TL	**Jodsalz**
	frisch gemahlener Pfeffer

1. Schinken in Streifen schneiden und in einer großen Pfanne im Öl anbraten. Salzkartoffeln würfeln und darüber geben. Kurz mitbraten. Die Gemüsereste vorsichtig unterheben.
2. Die Eier verquirlen, salzen, pfeffern. Über die Mischung geben und stocken lassen.
3. Den Käse darüber reiben.

Varianten

- Statt des Schinkens können auch geräucherte Putenbrust oder Bratenreste verwendet werden.
- Auch mit Nudeln oder Reis und mit einem anderen Gemüse als Blumenkohl schmeckt die Restepfanne.
- Statt Käse können frische Kräuter oder Kerne darauf gestreut werden.

Gemüse

Es soll Kinder geben, die kein Gemüse mögen. Angesichts der Vielfalt der Gemüsesorten und der Zubereitungsarten ist das eigentlich gar nicht vorstellbar. In diesem Kapitel finden Sie Gerichte, für die fast keine Vorbereitung notwendig ist. Das Gemüse wird einfach in den Kochtopf geworfen und schmeckt überraschend gut. Andere Gerichte brauchen nur wenig Vorbereitung und garen dann im Backofen ganz ohne Beaufsichtigung. Nicht nur für jeden Geschmack, auch für jedes Zeitbudget findet man unter den Gemüsegerichten die idealen Partner.

Maiskolben

pro Portion	**1**	**Maiskolben**
	1	**Vollkornbrötchen**
		Butter zum Bestreichen
	1	**Knoblauchzehe**

Die Maiskolben in kochendem Salzwasser 20 Minuten kochen. Abtropfen lassen.

1. Die Knoblauchzehe in die Butter pressen, beides verkneten und die Vollkornbrötchen damit bestreichen.
2. Servieren Sie die Kolben mit Vollkornbrötchen, die mit Knoblauchbutter bestrichen sind. Sehr gut schmeckt es, wenn Sie die bestrichenen Brötchen im Backofen erwärmen.

Tipp

Lassen Sie den Mais vor dem Servieren ein wenig abkühlen, damit sich die Kinder bei der Knabberei nicht den Gaumen verbrennen.

Artischocken

pro Portion 1–2 Artischocken, je nach Größe
Salzwasser

Die Artischocken in Salzwasser weich kochen. Das dauert je nach Größe 20 bis 30 Minuten. Wenn sich die Blätter leicht abzupfen lassen, sind sie gar.

Tipp

Artischocken werden mit einer Soße serviert. Man tunkt die Blätter hinein und streift das Fleisch mit den Zähnen ab. Das Heu wird entfernt, der Boden darunter schmeckt besonders gut. Als Soße geeignet sind z. B. eine Vinaigrette aus Essig, Olivenöl, Jodsalz und Pfeffer oder ein Joghurt, gewürzt mit Salz, Pfeffer und Kräutern nach Geschmack.

Sauerkraut-Kartoffeln

2	große Zwiebeln
2	Knoblauchzehen
1 kg	Kartoffeln
1 kg	Sauerkraut
4 EL	Sonnenblumenöl
2 EL	mildes Paprikapulver
1 gehäufter EL	Kümmel
1 l	Gemüsebrühe
	Jodsalz, Cayennepfeffer
125 g	saure Sahne
½ Bund	Petersilie
½ Bund	Schnittlauch

1. Zwiebeln und Knoblauchzehen schälen und fein würfeln, Kartoffeln schälen und grob würfeln.
2. Öl in einem großen Topf erhitzen, Zwiebel- und Knoblauchwürfel darin glasig braten, Kartoffelwürfel und das zerpflückte Sauerkraut hinzufügen. Paprika und Kümmel dazugeben, umrühren und mit der Gemüsebrühe aufgießen. Aufkochen, bei kleiner bis mittlerer Hitze ca. 20 Minuten garen.
3. Mit Salz und Cayennepfeffer abschmecken. Auf Teller füllen und einen Klecks saure Sahne darauf geben. Fein gehackte Petersilie und Schnittlauch darüber streuen.

Tipp

Gehackte Petersilie und Schnittlauch gibt es in guter Qualität tiefgefroren. Sie können die Kräuter auch selbst zerkleinern und einfrieren.

Spinat-Eierkuchen

3	Eier
250 g	Weizenvollkornmehl
je 150 ml	Milch und Wasser
1	Zwiebel
1 EL	Butter
450 g	TK-Spinat
4 EL	Öl
1 Prise	Muskatnuss
1 TL	Jodsalz
	frisch gemahlener Pfeffer
2 EL	saure Sahne
1 EL	Weizenvollkornmehl

1. Aus Eiern, Weizenvollkornmehl, Milch und Wasser sowie einer Prise Salz wird ein Pfannkuchenteig gerührt, der eine Viertelstunde quellen muss.
2. Die Zwiebel fein hacken und in der Butter andünsten. TK-Spinat dazugeben, nach Anweisung auftauen und garen.
3. Aus dem Teig nacheinander in je 1 TL Öl 8 dünne Pfannkuchen backen. Warmhalten.
4. Den Spinat mit etwas Muskatnuss, Salz und Pfeffer abschmecken, saure Sahne dazugeben und mit 1 EL Weizenvollkornmehl, das in etwas Wasser angerührt wurde, binden.
5. Spinatmasse auf den Pfannkuchen verteilen, diese zusammenrollen und in Ringe schneiden.

Risi-Pisi

1	**Zwiebel**
3 EL	**Butter**
150 g	**Reis**
½ l	**Gemüsebrühe**
1	**kleines Lorbeerblatt**
125 g	**feine TK-Erbsen**
100 ml	**Gemüsebrühe**
50 g	**geriebener Parmesan**

1. Zwiebel fein hacken, in 1 EL Butter anschwitzen.
2. Reis und ½ l Gemüsebrühe hinzufügen. Mit Lorbeerblatt würzen.
3. Nach 10 Minuten TK-Erbsen dazugeben. Weitere 10 Minuten zugedeckt bei kleiner Flamme köcheln lassen.
4. Bei Bedarf mit Gemüsebrühe auffüllen. Parmesan und 2 EL Butter unterrühren.

Überbackener Blumenkohl

1	**großer Blumenkohl**
½ l	**Gemüsebrühe**
1 Msp.	**Muskatnuss**
250 g	**Käse (Chester 45 %)**

1. Blumenkohl waschen, putzen und in Röschen teilen, in den Römertopf geben, mit Brühe übergießen, Muskatnuss darüber stäuben.
2. In den kalten Backofen stellen, auf 200 °C stellen. Garzeit etwa 45 Minuten.
3. 10 Minuten vor dem Ende der Garzeit mit Käse belegen und ohne Deckel überbacken.

▶ **Dazu passen** Salzkartoffeln.

Rosenkohl-Ragout

1 kg	Rosenkohl
1 kg	festkochende Kartoffeln
100 g	geräucherter Speck
2	Zwiebeln
400 ml	Gemüsebrühe
	Jodsalz, frisch gemahlener Pfeffer
150 g	Joghurt
2 EL	gehackte Kräuter, z. B. Petersilie oder Schnittlauch
1	Knoblauchzehe

1. Den Rosenkohl putzen und waschen, die Kartoffeln schälen und grob würfeln.
2. Geräucherten Speck fein würfeln und in einem großen Topf bei kleiner Hitze auslassen. Die gewürfelten Zwiebeln zugeben und goldgelb braten. Mit Gemüsebrühe aufgießen. Kartoffelwürfel und Rosenkohl dazugeben und bei mittlerer Hitze mit Deckel in 25 Minuten garen. Mit Salz und Pfeffer abschmecken.
3. Joghurt mit gehackten Kräutern vermischen, mit der zerdrückten Knoblauchzehe und Pfeffer würzen.
4. Das Gemüseragout auf tiefe Teller geben und den Joghurt darauf verteilen.

Möhrenpuffer

600 g	**Möhren**
4	**Eier**
40 g	**Weizenvollkornmehl**
	Jodsalz, frisch gemahlener Pfeffer
2 EL	**Petersilie**
2 EL	**Öl zum Braten**

1. Möhren putzen und grob raspeln, Petersilie fein hacken.
2. Mit den Eiern und dem Mehl vermischen und mit Salz und Pfeffer würzen.
3. Im heißen Fett kleine Puffer ausbacken.

Varianten

- Ein Teil der Möhren kann durch Kartoffeln ersetzt werden.
- Anstelle der Möhren können die Puffer auch aus Zucchini oder einer Mischung beider Gemüse hergestellt werden.

Tipp

Die Puffer schmecken warm und kalt, sodass Sie gleich ein Essen für 2 Tage daraus herstellen können. Am ersten Tag gibt es dazu ein Vollkornbrot mit Butter und einen Salat, am zweiten Tag Pellkartoffeln mit Quark.

Möhrenmus mit Rührei

500 g	**Möhren**
750 g	**mehlig kochende Kartoffeln**
50 g	**Sahne**
50 ml	**Milch**
½ Bund	**Petersilie**
	Jodsalz

Für die Rühreier: *→ Rezept Seite 198*

1. Die Möhren schälen, waschen und würfeln. Die Kartoffeln schälen, waschen, würfeln und in wenig Wasser mit den Möhren ca. 15 Minuten weich kochen.
2. Petersilie fein hacken. Möhren und Kartoffeln evtl. abgießen, mit einem Kartoffelstampfer zerdrücken und in eine Schüssel geben. Sahne dazugeben und alles mit dem Handrührgerät cremig rühren. Petersilie unterheben.

Champignonpfanne

500 g kleine Champignons
3 Knoblauchzehen
3 EL Olivenöl
1 Lorbeerblatt
1 Bund Petersilie

1. Die Champignons abbrausen und gut abtropfen lassen, die Stielenden abschneiden (größere sollten in mundgerechte Stücke geschnitten werden). Knoblauchzehen schälen.
2. Olivenöl in einer großen Pfanne erhitzen. Die Pilze darin mit den Knoblauchzehen und dem Lorbeerblatt ca. 10 Minuten kräftig braten, bis die Flüssigkeit verdampft ist. Gelegentlich umrühren.
3. Mit gehackter Petersilie bestreuen und zu Vollkornbrot servieren.

Champignons pur

pro Portion **200–250 g kleine Champignons**
Jodsalz, frisch gemahlener Pfeffer

1. Die Champignons putzen, d. h. die Stielenden abschneiden, abbrausen und gut abtropfen lassen oder den Deckel mit einem Pinsel sauber putzen. In den gewässerten Römertopf geben, leicht salzen und pfeffern.
2. In den kalten Backofen geben und bei 200 °C ca. 90 Minuten garen.

▶ **Dazu passt** gebuttertes Weizenvollkornbrot.

Schafskäse mit Gemüse in Folie

4	Tomaten
1	Zucchini
½ Bund	Frühlingszwiebeln
2	Knoblauchzehen
3 EL	Olivenöl
300 g	Schafskäse
4	Thymianzweige
	Jodsalz, frisch gemahlener Pfeffer

1. Backofen auf 200 °C vorheizen.
2. Tomaten und Zucchini putzen, waschen und in Scheiben schneiden. Frühlingszwiebeln putzen, waschen und in dünne Ringe schneiden. Knoblauch schälen und in feine Scheiben schneiden, mit 2 EL Öl und den Frühlingszwiebeln mischen.
3. 4 Stücke Alufolie aus der Rolle schneiden und mit dem restlichen Olivenöl bestreichen. Käse in 4 Stücke schneiden und auf die Alufolie legen. Gemüse darüber verteilen, die Ölmischung darauf geben und je einen Thymianzweig dazulegen. Folie schließen.
4. Die Päckchen auf ein Backblech legen und etwa 10 Minuten im Backofen garen.

▶ **Dazu passt** Fladenbrot.

Spargel mit Kräutersoße

1 kg	Spargel
200 g	Crème fraîche
100 g	Joghurt
1 TL	Weißweinessig
1 TL	Öl
2	Tomaten
je 1 Bund	Petersilie, Schnittlauch und Basilikum
1 TL	Jodsalz
	frisch gemahlener Pfeffer
	Zucker
1 TL	Butter

1. Spargel von oben nach unten schälen, die unteren Enden abschneiden. In kochendem Wasser, das mit Salz, einer Prise Zucker und 1 EL Butter gewürzt ist, etwa 15 Minuten garen.
2. Crème fraîche, Joghurt, Essig und Öl mit dem Schneebesen verrühren. Mit Salz und Pfeffer abschmecken.
3. Tomaten waschen und halbieren, Stielansätze entfernen, Kerne herausdrücken oder mit einem Teelöffel entfernen, würfeln. Kräuter waschen, trocknen und fein hacken. Alles unter die Soße mischen und zum Spargel servieren.

▶ **Dazu passen** Pellkartoffeln.

Variante
In der Spargelzeit von Mitte April bis Mitte Juni ist das Gemüse ein Gewinn für die schnelle Küche. Der Klassiker: zerlassene Butter, Schinken und Pellkartoffeln zum Spargel.

Variante: Spargel mit Paprika-Eiersoße

1	rote Paprika
½	gelbe Paprika
80 g	Butter
4	Eier
	Jodsalz, frisch gemahlener Pfeffer
1 Bund	Schnittlauch

Paprika vierteln, putzen und klein würfeln. Butter im Wasserbad schmelzen lassen, Eier weich kochen, pellen und in einer Schüssel zerkleinern. Butter mit dem Schneebesen unterschlagen. Mit Salz und Pfeffer abschmecken. Paprikawürfel dazugeben. Schnittlauch mit der Schere darüber schneiden und zum Spargel servieren.

Tipp

Wenn Sie etwas mehr Spargel kochen, haben Sie die Grundlage für den Montagstoast (⇢ Seite 195).

Kartoffeln

Kartoffeln sind ideal für die schnelle Küche. Vor allem als Pellkartoffeln sind sie besonders gesund, haben wenige Kalorien und verursachen so gut wie keine Arbeit. Kartoffeln sind aber viel mehr als nur Sättigungsbeilage. Überraschend vielseitig, können sie der Mittelpunkt der Mahlzeit sein.

Pellkartoffeln mit Kräuterquark

1 kg	festkochende Kartoffeln
500 g	Magerquark
etwa **4** EL	Milch zum Glattrühren
2	Knoblauchzehen
1 Bund	Petersilie
1 Bund	Schnittlauch
1 Päckchen	Kresse
1 Bund	Dill
1 TL	Jodsalz
	frisch gemahlener Pfeffer

1. Kartoffeln waschen und abbürsten. In Salzwasser in etwa 20 Minuten gar kochen.
2. Quark mit der Milch glatt rühren. Knoblauch mit der Knoblauchzehe hineinpressen.
3. Kräuter abspülen und trocknen. Fein hacken und dazugeben.
4. Mit Salz und Pfeffer abschmecken.

Tipp

- Die Quarkmenge ist großzügig berechnet. Der Rest schmeckt am Abend zu einer Scheibe Brot.
- Statt der frischen Kräuter 2 Päckchen Kräutermischung aus der Tiefkühltruhe verwenden.

Variante: Pellkartoffeln mit Zazik

250 g	**Magerquark**
125 g	**Joghurt**
1	**Salatgurke**
1 TL	**Jodsalz**
	frisch gemahlener Pfeffer
1	**Knoblauchzehe**
1 Bund	**Dill**

1. Magerquark und Joghurt verrühren. Gurke schälen und hineinraspeln.
2. Mit Salz, Pfeffer und einer zerdrückten Knoblauchzehe würzen.
3. Dillspitzen fein schneiden und unterziehen.

Tipp

Reste kann man verschlossen im Kühlschrank 1–2 Tage aufbewahren.

Pellkartoffeln mit Quarkfondue

1 kg	festkochende Kartoffeln
500 g	Quark
5 EL	Milch
1 Becher	Joghurt
	Jodsalz, frisch gemahlener Pfeffer
	Kräuter und Gewürze nach Belieben und Jahreszeit (z. B. Schnittlauch, Petersilie, Dill, Kerbel, Kümmel, Borretsch)
	gehackte Zwiebeln
	Tomatenachtel
	Kapern
	Krabben
	Paprikastückchen

1. Während die Kartoffeln in ca. 20 Minuten weich kochen, stellen Sie alles für ein Quarkfondue auf den Tisch.
2. 500 g Quark mit 5 EL Milch cremig rühren. Eventuell eine Schüssel Joghurt zum Mischen dazustellen. Nach Geschmack mit Jodsalz und frisch gemahlenem Pfeffer abschmecken.
3. In kleinen Schüsseln gehackte Kräuter und Gewürze, gehackte Zwiebeln, Kapern, Gemüse, Krabben servieren.

Tipp

Auch Sonnenblumen- und Kürbiskerne sind geeignet sowie Sesam, Kümmel, Meerrettich, Paprikapulver und alles, was Sie sonst noch so im Haus haben. Aber Achtung: Kinder, die jünger als 3 Jahre sind, sollen keine Kerne essen, da sie sich daran verschlucken können.

Blechkartoffeln mit Gemüsequark

1 kg	neue Kartoffeln
	Jodsalz, frisch gemahlener Pfeffer, Rosmarin
250 g	Magerquark
150 g	Joghurt
3 EL	Milch
1	Knoblauchzehe
1	Zwiebel
1	rote Paprikaschote
1 Bund	Schnittlauch

1. Die Kartoffeln unter fließendem Wasser kräftig abbürsten, halbieren und mit den Schnittflächen auf ein gefettetes Backblech setzen.
2. Mit Salz, Pfeffer und Rosmarin würzen und bei 225 °C ca. 50 Minuten auf der unteren Einschubleiste im vorgeheizten Backofen garen.
3. Magerquark mit Joghurt und Milch glatt rühren. Mit gepresster Knoblauchzehe, Salz und Pfeffer würzen. Fein gehackte Zwiebel, Paprikaschote, in feine Würfel geschnitten, und Schnittlauchröllchen darunter rühren.

Himmel und Erde

1 kg	mehlig kochende Kartoffeln
2	große säuerliche Äpfel (z. B. Boskop)
1 TL	Jodsalz
2	Zwiebeln
2 EL	Öl

1. Kartoffeln schälen, grob würfeln. Äpfel entkernen, in Scheiben schneiden. Beides in einen Topf geben und mischen. So viel Wasser dazugeben, dass die Mischung gerade bedeckt ist. Leicht salzen und in knapp 20 Minuten garen.
2. In dieser Zeit die Zwiebeln schälen und in Ringe schneiden. Im Öl goldbraun braten.
3. Von der Kartoffel-Apfel-Mischung überschüssiges Wasser abgießen. Dann zu Püree stampfen.
4. Die Zwiebeln darüber geben.

Kartoffelpfanne

1 kg	Kartoffeln
1	grüne Paprikaschote
2	Zwiebeln
4 EL	Olivenöl
1 Bund	frischer Majoran (ersatzweise 1 TL getrockneter Majoran)
10	Oliven ohne Stein
200 g	körniger Frischkäse
	Jodsalz, frisch gemahlener Pfeffer

1. Kartoffeln waschen und in der Schale 15 Minuten kochen.
2. Paprikaschote putzen, waschen und würfeln. Zwiebeln abziehen und in Ringe schneiden.
3. Kartoffeln pellen und in Scheiben schneiden. Im heißen Öl anbraten.

4. Paprikawürfel und Zwiebelringe 5 Minuten mitbraten.
5. Mit Salz und Pfeffer würzen. Majoran und Oliven dazugeben, mischen und durchbraten.
6. Käse darüber geben und kurz erwärmen.

Tipp

Pellkartoffeln aus jungen Kartoffeln müssen, auch wenn sie so heißen, nicht gepellt werden. Es reicht aus, sie vor dem Kochen mit einer Bürste abzuschrubben.

Kartoffelpüree

800 g	Kartoffeln, mehlig kochende
1 TL	Jodsalz
200 ml	Milch
2 EL	Butter
	Jodsalz
	Muskatnuss

1. Kartoffeln schälen, in gleich große Stücke schneiden und in Salzwasser ca. 20 Minuten gar kochen. Das Wasser abgießen, abdämpfen. Dann mit einem Stampfer oder einer Kartoffelpresse möglichst klümpchenfrei stampfen.
2. Heiße Milch und Butter nach und nach mit einem Schneebesen unterrühren, bis die Konsistenz zusagt.
3. Mit Salz und etwas Muskatnuss würzen.

Tipp

Beim Zerkleinern mit einem elektrischen Mixer wird das Püree kleistrig. Mit der Kartoffelpresse geht es genauso schnell und gelingt immer.

Kartoffelplätzchen

500 g	**mehlig kochende Kartoffeln**
50 g	**Mehl**
2	**Eier**
2 EL	**Sahne**
	etwas frisch geriebene Muskatnuss
1 EL	**Butter**
	Jodsalz

1. Die Kartoffeln schälen, vierteln und in Salzwasser gar kochen. Das Kochwasser abgießen und die Kartoffeln im Topf schütteln, bis sie ganz trocken sind, dann durch eine Kartoffelpresse in eine Schüssel drücken.
2. Die Eier trennen.
3. Mehl, Eigelbe und Sahne zu den Kartoffeln geben. Mit Salz und Muskatnuss würzen.
4. Die Eiweiße steif schlagen und unterheben.
5. Butter in einer Pfanne erhitzen. Mit einem Löffel kleine Teighäufchen in die Pfanne setzen und flachdrücken. Auf beiden Seiten hellbraun braten.

Tipp

Mit einem Gemüse, z. B. grünen Bohnen, sind die Kartoffelplätzchen eine Hauptmahlzeit.

Nudeln, Reis und Co.

Getreidegerichte sind seit je her die Grundlage für die Ernährung der meisten Menschen. Das ist bis heute nicht anders. Neben Nudeln und Reis wurden in den letzten Jahren alte Bekannte wie Buchweizen oder internationale Spezialitäten wie Couscous neu entdeckt und bereichern die gesunde Küche mit Gerichten, die leicht und schnell herzustellen sind.
Im Nu fertig und dazu ganz nach dem Geschmack von Kindern sind vor allem Nudelgerichte. In Kombination mit einer schnellen, gemüse- und kräuterbetonten Soße sind sie ein Stützpfeiler der gesunden Schnellküche. Statt Spaghetti können je nach Geschmack auch andere Nudelsorten verwendet werden.

Spaghetti mit Gemüsesoße

400 g	**Spaghetti**
1 Päckchen	**TK-Suppengemüse (à 300 g)**
1 EL	**Butter**
100 ml	**Gemüsebrühe**
500 g	**passierte Tomaten**
	Jodsalz, frisch gemahlener Pfeffer
1 Bund	**Schnittlauch**

1. Spaghetti in Salzwasser kochen.
2. Gemüse in der Butter andünsten. Nach ca. 5 Minuten mit Gemüsebrühe ablöschen und zugedeckt weitere 8 Minuten dünsten.
3. Passierte Tomaten zugeben, salzen, pfeffern und ohne Deckel wenige Minuten weiter schmoren.
4. Mit der Küchenschere Schnittlauch über die fertige Soße schneiden.

Spaghetti mit kalter Tomatensoße

400 g	**Spaghetti**
500 g	**Flaschentomaten**
	Jodsalz, frisch gemahlener Pfeffer
3 EL	**Olivenöl**
1 Bund	**Basilikum**
	evtl. frischer Oregano

1. Spaghetti in Salzwasser kochen.
2. Die Flaschentomaten werden gehäutet, entkernt und gewürfelt. Gut in einem Sieb abtropfen lassen, in eine Schüssel geben, mit Salz abschmecken und einen Moment ziehen lassen. Danach pürieren, mit dem Olivenöl vermischen und mit frisch gemahlenem Pfeffer abschmecken.
3. In Streifen geschnittene Basilikumblätter und evtl. frischen Oregano darüber streuen.

Spaghetti mit Öl, Knoblauch und Petersilie

400 g	Spaghetti
3 EL	Olivenöl
4	Knoblauchzehen
1 Bund	Petersilie
	Jodsalz

1. Die Spaghetti nach Packungsangabe in Salzwasser kochen.
2. Olivenöl in einem Pfännchen erhitzen. Die geschälten Knoblauchzehen darin bräunen und wieder herausnehmen. Vorsicht: Sie brennen schnell an!
3. Das Öl über die heißen, abgetropften Spaghetti gießen.
4. Fein gehackte Petersilie darüber streuen und alles leicht schütteln.

Nuss-Nudeln

300 g	Vollkornnudeln
100 g	geriebener Gouda
75 g	geriebene Haselnusskerne
je ½ Bund	Schnittlauch und Petersilie
6	Basilikumblätter
	getrockneter Thymian und Salbei
2 EL	Butter
	frisch gemahlener Pfeffer

1. Nudeln in kochendem Salzwasser nach Packungsanleitung kochen.
2. Schnittlauch, Petersilie und Basilikum hacken, mit Käse, Nüssen und Trockenkräutern mischen.
3. Nudeln abtropfen lassen und in eine Schüssel geben. Butter unterheben und schmelzen lassen. Die Nuss-Käse-Kräutermischung unterheben. Mit Pfeffer abschmecken.

Spaghetti mit Zucchini

3	mittelgroße Zucchini
4 EL	Öl
	Jodsalz, frisch gemahlener Pfeffer
350 g	Vollkorn-Spaghetti
1 Bund oder Töpfchen	Basilikum
150 g	Greyerzer Käse oder Parmesan

1. Die Zucchini in dünne Scheiben schneiden und 8 Minuten bei starker Hitze in 2 EL Öl braten. Mit Salz und Pfeffer würzen.
2. Vollkorn-Spaghetti in reichlich Salzwasser nach Anweisung kochen.
3. Nach Belieben Basilikumblätter fein hacken.
4. Die Spaghetti abgetropft mit den Zucchini, 2 weiteren EL Öl und dem Basilikum vermischen.
5. Mit Pfeffer würzen und frisch geriebenen Greyerzer oder Parmesan dazu reichen.

Muschelnudeln in Thunfischsoße

1	Zwiebel
3 Stangen	Staudensellerie
1	unbehandelte Zitrone
500 g	große Muschelnudeln
1 TL	Jodsalz
3 EL	Olivenöl
100 ml	Gemüsebrühe
2 Dosen	Thunfisch im eigenen Saft
2 EL	Kapern
	frisch gemahlener Pfeffer
½ Bund	Schnittlauch

1. Zwiebel schälen und würfeln, Sellerie waschen, putzen, von Fäden befreien, in Scheiben schneiden. Zitrone heiß abspülen, trocknen, die Hälfte der Schale fein abreiben, Saft auspressen.
2. Nudeln kochen und abtropfen lassen.
3. Zwiebel und Sellerie im Öl glasig dünsten, Brühe zugießen, 3–4 Minuten kochen.
4. Den abgetropften Thunfisch in die Pfanne geben und mit einer Gabel zerkleinern und erwärmen. Kapern, 1 EL Zitronensaft und die abgeriebene Zitronenschale unterheben, würzen. Schnittlauch in Röllchen schneiden und im Schälchen dazustellen.

Tipp

Den Schnittlauch mit der Küchenschere schneiden. Geht schnell und gibt regelmäßige Röllchen.

Nudelauflauf

350 g	Makkaroni
200 g	gekochter Schinken
300 g	TK-Erbsen
3	Eier
500 ml	Milch
	Jodsalz, frisch gemahlener Pfeffer
	Muskatnuss
1 TL	getrocknete Kräuter der Provence
	Fett für die Form
50 g	Semmelbrösel
50 g	Butter

1. Backofen auf 200 °C vorheizen.
2. Nudeln in Stücke brechen und in kochendem Salzwasser nach Packungsanleitung bissfest kochen.
3. Schinken würfeln. Eier und Milch verquirlen, die Gewürze dazugeben.
4. Nudeln, Schinken und die tiefgefrorenen Erbsen vermischen. Alles in eine ofenfeste, gefettete Form geben. Die Eiermilch darüber gießen. Mit Semmelbröseln bestreuen und mit Butterflöckchen belegen.
5. Im Backofen ca. 35 Minuten backen, bis die Eiermilch fest ist.

Varianten

Diesen Klassiker können Sie vielfach variieren:

- Wählen Sie eine andere Nudelsorte.
- Statt der Erbsen können Sie Reste von gekochtem Blumenkohl verwenden. Dann allerdings die Kräuter der Provence weglassen. Ebenso, wenn Sie statt der Erbsen Dosenmais verwenden.
- Auch Lauch passt gut (2 Stangen), den Sie zuvor waschen, in Ringe schneiden und in 1 EL Öl anbraten müssen.

Nudeln mit Backobst

250 g	**Röhren-Nudeln**
400 g	**ungeschwefeltes Backobst**
0,7 l	**Apfelsaft**
	Jodsalz
	Schale einer halben unbehandelten Zitrone
1 TL	**Kartoffelstärkemehl**
2 EL	**Butter**
2 EL	**brauner Zucker**

1. Backobst abspülen, abtropfen lassen und im Apfelsaft etwa 30 Minuten einweichen.
2. Nudeln bissfest kochen, abtropfen lassen.
3. Backobst mit dem Saft und der abgeriebenen Zitronenschale etwa 15 Minuten kochen.
4. Kartoffelstärkemehl in etwas Wasser verrühren, das Obst damit binden.
5. Butter bräunen.
6. Backobst zu den Nudeln geben.
7. Gebräunte Butter und braunen Zucker darüber geben.

Reistopf

1	Zwiebel
1	Knoblauchzehe
2 EL	Öl
300 g	Reis
750 ml	heiße Gemüsebrühe
2 Stangen	Lauch
250 g	Tomaten
2 EL	Crème fraîche
	frisch gemahlener Pfeffer
2 EL	klein gehackte Petersilie

1. Zwiebel und Knoblauchzehe fein würfeln und im Öl glasig braten.
2. Reis dazugeben. Kurz mitbraten lassen und mit heißer Gemüsebrühe ablöschen, aufkochen lassen und auf kleine Hitze zurückschalten.
3. Lauch putzen, waschen, in Ringe schneiden. Tomaten enthäuten. Beides nach 10 Minuten zu dem Reis geben und unterrühren. Zusammen noch ca. 15 Minuten köcheln lassen.
4. Crème fraîche unterziehen und mit frisch gemahlenem Pfeffer abschmecken. Klein gehackte Petersilie darüber streuen.

Variante

Statt Reis können Sie die gleiche Menge Hirse verwenden. Das Gericht wird genauso zubereitet.

Tipp

Tomaten lassen sich besonders leicht schälen, wenn sie vorher mit kochendem Wasser übergossen werden.

Blumenkohl-Reistopf

1	Zwiebel
1	Knoblauchzehe
2 EL	Öl
300 g	Reis (z. B. Parboiled oder Vollkornreis)
750 ml	heiße Gemüsebrühe
1 großer	Blumenkohl
2 EL	Rosinen
1 EL	Currypulver
	Jodsalz
2 EL	gehackte Mandeln

1. Zwiebel und Knoblauchzehe würfeln und im Öl andünsten.
2. Den Reis dazugeben, einen Moment mitdünsten lassen und mit heißer Gemüsebrühe ablöschen. Aufkochen lassen und auf kleine Hitze hinunterschalten. 10 Minuten köcheln lassen. (Vollkornreis benötigt etwas länger.)
3. In dieser Zeit den Blumenkohl putzen und in kleine Röschen teilen. Mit den Rosinen und dem Curry zum Reis geben, vorsichtig umrühren und weitere 15 Minuten köcheln lassen.
4. Mit Salz abschmecken, Mandeln darüber streuen.

Tipp

In manchen Lebensmittelläden gibt es vorgeputztes Gemüse. Auch Blumenkohl gehört dazu.

Gemüse-Risotto

300 g	Risotto-Reis
400 g	Gemüse (Lauch, Möhren, Staudensellerie)
2	Schalotten
1	Knoblauchzehe
2 EL	Butter
1 l	heiße Gemüsebrühe
3 EL	frisch geriebener Parmesan

1. Das Gemüse putzen, waschen und würfeln. Schalotten und Knoblauch schälen und fein würfeln.
2. Butter in einem Topf erhitzen, Schalotten und Knoblauch darin leicht andünsten, Gemüse hinzufügen und kurz mitschmoren. Reis zugeben, glasig dünsten, umrühren.
3. ¼ l der heißen Brühe angießen, umrühren und bei niedriger Temperatur ca. 5 Minuten einziehen lassen. Nach und nach mit der restlichen Brühe genauso verfahren, bis das Gericht nach knapp 20 Minuten gar ist.
4. Vom Herd nehmen, Parmesan unterrühren.

Varianten

- Ersetzen Sie das Gemüse durch eine Mischung aus TK-Erbsen und frischen, in Scheiben geschnittenen Champignons.
- Auch möglich: je eine grüne, gelbe und rote Paprikaschote waschen, putzen und würfeln. Ansonsten verfahren wie oben beschrieben.

Birnen-Risotto

300 g	Risotto-Reis
250 g	reife Birnen
100 g	mittelscharfer Tilsiter
200 ml	Sahne
300 ml	heiße Gemüsebrühe
1 EL	Öl
1	Knoblauchzehe
1 EL	Zitronensaft
	Jodsalz, frisch gemahlener Pfeffer

1. Knoblauchzehe schälen und fein hacken.
2. Öl erhitzen. Knoblauch und Reis darin glasig dünsten. Nach und nach Gemüsebrühe und Sahne angießen, und zwar immer, wenn die Flüssigkeit aufgesogen ist. Dabei umrühren.
3. Birnen entkernen, klein schneiden und mit Zitronensaft beträufeln. Gegen Ende der Garzeit (ca. 18 Minuten) zum Risotto geben und kurz erhitzen.
4. Käse fein würfeln und unterheben. Nach Geschmack Pfeffer darüber geben.

Varianten

- Wenn Sie jungen Gouda statt Tilsiter nehmen, wird das Gericht milder.
- Noch würziger schmeckt es durch 4 Scheiben Schwarzwälder Schinken, die in heißem Öl knusprig gebraten wurden.

Buchweizengrütze

250 g	geschroteter Buchweizen
1	Zwiebel
2 EL	Öl
½ l	heiße Gemüsebrühe
½ TL	Jodsalz
	frisch gemahlener Pfeffer
2 EL	geriebener Käse

1. Die Zwiebel schälen und in kleine Würfel schneiden, im Öl glasig dünsten. Buchweizen zugeben und umrühren.
2. Mit der Brühe aufgießen und 25 Minuten bei kleiner Hitze garen lassen.
3. Mit Salz und Pfeffer abschmecken und den Reibekäse unterheben.

▶ **Dazu passt** ein Salat.

Buchweizenauflauf

1	Zwiebel
2 EL	Olivenöl
1	Möhre
1 Stück	Sellerie
1 Stange	Lauch
100 g	Buchweizen
2–3 TL	Currypulver
	geriebene Muskatnuss
	Jodsalz
1	Lorbeerblatt
½ l	Gemüsebrühe
1 Paket	TK-Erbsen (300 g)
100 ml	Schmand
100 g	Gouda

1. Backofen auf 200 °C vorheizen.
2. Zwiebel schälen, klein schneiden und in Olivenöl andünsten.
3. Möhre, Sellerie und Lauch putzen, würfeln und dazugeben.
4. Gewaschenen Buchweizen im Öl mit anschwitzen.
5. Mit Currypulver, Muskatnuss, Salz und Lorbeerblatt würzen und mit Gemüsebrühe aufgießen. 10 Minuten köcheln lassen.
6. TK-Erbsen und Schmand unterheben.
7. Eine Auflaufform buttern und abwechselnd eine Schicht der Buchweizenmasse und eine Schicht geriebenen Gouda einfüllen. 10 Minuten im vorgeheizten Backofen überbacken.
8. Zum Schluss kurz unter den Grill schieben, um den Auflauf zu bräunen.

Hirsotto

½ l	**heiße Gemüsebrühe**
200 g	**Hirse**
250 g	**Möhren**
200 g	**TK-Erbsen**
200 g	**Gouda**
½ Bund	**Petersilie**
½ Bund	**Basilikum**
2 EL	**Butter**
	Jodsalz

1. Gemüsebrühe zum Kochen bringen.
2. Möhren schälen, waschen, fein würfeln. Zusammen mit der Hirse 10 Minuten in der Brühe im geschlossenen Topf kochen.
3. Die Erbsen hinzufügen, noch einmal 10 Minuten kochen.
4. Käse reiben, Kräuter waschen, trocknen und fein hacken. Käse, Kräuter und Butter unter das fertige Gericht rühren.

▶ **Dazu passt** ein Blattsalat.

Grundrezept **Polenta**

1 ½ Liter	Gemüsebrühe
1 EL	Butter
300 g	Maisgrieß

1. Gemüsebrühe mit Butter zum Kochen bringen. Maisgrieß einrühren. Bei kleiner Hitze ca. 20 Minuten garen. Dabei gelegentlich umrühren.
2. In eine ausgespülte Kastenform füllen und erkalten lassen.
3. Umstülpen und einzelne Scheiben abschneiden.

Varianten

Polenta hält sich im Kühlschrank mehrere Tage frisch und kann deshalb für verschiedene Varianten eingeplant werden:

- Polentascheiben mit Tomatensoße,
- in Butter gebraten mit einem Salat,
- mit Käse überbacken und einem Salat.
- Statt Gemüsebrühe schmeckt auch ein Gemisch aus Wasser und Milch.

Tipp

Polenta ist fein gemahlener Maisgrieß – vielseitig verwendbar und gut vorzubereiten.

Polenta mit Radieschen-Käsecreme

8	**dicke Scheiben Polenta**
3 EL	**Butter**
3 Bund	**Radieschen**
1	**Zwiebel**
2 Bund	**Petersilie**
4 EL	**Weißweinessig**
5 EL	**Sonnenblumenöl**
100 g	**Frischkäse**
100 g	**Ziegenfrischkäse**
	Jodsalz, frisch gemahlener Pfeffer

1. Radieschen putzen, waschen und grob würfeln. Zwiebel schälen und würfeln. Petersilie waschen, trocknen und fein hacken.
2. Aus Essig, Öl, Salz und Pfeffer eine cremige Soße rühren (gelingt mit dem Schneebesen).
3. Die beiden Käse mit einer Gabel zerdrücken und mit der Marinade verrühren.
4. Die Polentascheiben in der Butter von beiden Seiten goldbraun braten.
5. Radieschenwürfel, Zwiebelwürfel und Petersilie mit der Käsemasse vermischen, auf die fertigen Polentascheiben geben.

Überbackene Toasts

Ein schnelles Abendbrot, das bei Kindern – und nicht nur bei ihnen – gut ankommt. Überbackener Toast eignet sich für viele weitere Varianten, die auch von den Kindern kreiert werden können. Im Sandwichtoaster, in einer beschichteten Pfanne oder im Backofen sind Toasts schnell zubereitet.

Toastvarianten

- Bananentoast ist ein Kinderfavorit. Die getoasteten Brotscheiben werden dünn gebuttert, mit Bananenscheiben belegt und mit jungem Gouda überbacken.

- Für den italienischen Toast wird das Brot mit Tomatenscheiben belegt, die mit Jodsalz, Pfeffer und getrocknetem Oregano gewürzt werden. Mit Mozzarella überbacken.

- Rot-grüner Toast wird mit dünn geschnittenen grünen Paprikastreifen und Tomatenscheiben belegt. Mit Butterkäse überbacken. Mit Schnittlauch und Petersilie bestreuen.

- Auf eine dünne Scheibe Putenbrust kommen in Scheiben geschnittene Pfirsiche. Mit Emmentaler überbacken.

- Eine halbe weiche Birne pro Toast in Scheiben schneiden. Preiselbeeren zwischen die Scheiben geben. Mit Camembert überbacken.

- Ganz ohne Käse wird ein Champignon-Toast hergestellt. Die Pilze – etwa 50 g pro Toast – werden in Scheiben geschnitten und ein paar Minuten mit Zitronensaft, einer gepressten Knoblauchzehe, Jodsalz und Pfeffer mariniert. Dann auf den gebutterten Toast häufeln und kurz unter den Grill schieben.

Montagstoast

4 Scheiben	**Toast**
8–10 Stangen	**gekochter Spargel (beim Sonntagsessen eingeplant)**
2	**hart gekochte Eier**
	Butter
	geriebener Butterkäse
1 Päckchen	**Kresse**

1. Backofen auf 180 °C vorheizen.
2. Toastscheiben toasten und leicht buttern, Spargelstangen (Reste vom Sonntag) in Stücke schneiden, Eier in Scheiben schneiden, den Toast damit belegen. Reibekäse daraufgeben und überbacken.
3. Kresse über die Toasts schneiden.

Warme Käsebrote

8 Scheiben	Weizenvollkornbrot
etwa **100** ml	Gemüsebrühe
8 Scheiben	Emmentaler Käse
	(200 g, Scheiben evtl. halbieren)
2	Eier
300 ml	Milch
	Jodsalz, frisch gemahlener Pfeffer
	Muskatnuss
	Fett für die Form
1 Bund	Schnittlauch

1. Backofen auf 200 °C vorheizen.
2. Brotscheiben mit Brühe beträufeln, mit je einer Käsescheibe belegen.
3. Eier mit der Milch verquirlen, salzen, pfeffern und eine Prise Muskat hineinreiben.
4. Käsebrote dachziegelartig in eine gefettete, ofenfeste Form legen. Eiermilch darüber gießen. Das Gericht 15–20 Minuten backen.
5. Schnittlauchröllchen darüber schneiden.

▶ **Dazu passt** ein Blattsalat.

Eier, Fisch und Fleisch

Fleisch, Fisch und Eier müssen nicht täglich auf dem Speiseplan stehen. Eine gute Qualität zahlt sich nicht nur geschmacklich aus: Kaufen Sie Fleisch beim Bio-Metzger oder einem anderen Metzger Ihres Vertrauens und Eier von frei laufenden Hühnern. Fisch wird nicht überall bzw. immer frisch angeboten, eine gute Alternative ist TK-Ware. Unsere Fischrezepte sehen vorwiegend Seelachs vor, da er zurzeit nicht von einer Überfischung bedroht ist.

Eier

Eier hat man immer im Haus. Und auch mit ganz wenig Zeit lassen sich daraus Gerichte herstellen, die alles enthalten, was Kinder brauchen.

Grundrezept Rührei

4–8	Eier
	etwas Mineralwasser
1 knapper TL	Jodsalz
	frisch gemahlener Pfeffer
2 EL	Butter

1. Pro Person werden 1–2 Eier geschlagen, mit einem Schuss Mineralwasser aufgelockert, mit Salz und Pfeffer gewürzt.
2. In einer heißen Pfanne etwas Butter schmelzen lassen und die Masse dazugeben. Alles, wie der Name sagt, so lange zart hin und herrühren, bis die Masse gestockt ist.

Varianten

- Wenn Sie es gern etwas anders – und aparter – hätten, dann schicken Sie die Kinder zum Löwenzahnsammeln (ca. 100 g kleine, zarte Blättchen), putzen diese sehr gründlich (waschen und trockentupfen), schneiden sie klein und lassen sie in der Butter garen, bis sie zusammenfallen. Dann werden die gequirlten Eier dazugegeben und weiter geht es wie beschrieben.
- Als Alternative können Sie Rucola verwenden.

Grundrezept Pfannkuchen

250 g	**Weizenvollkornmehl**
2	**Eier**
250 ml	**Wasser**
250 ml	**Milch**
	Jodsalz
	etwas Butterschmalz oder Öl zum Ausbacken

1. Mehl, Eier, Wasser und Milch sorgfältig verrühren, leicht salzen.
2. Nach und nach in Öl oder Butterschmalz in einer heißen Pfanne ausbacken.

Varianten

Die Pfannkuchen gewinnen enorm, wenn etwas dazukommt:

- Kräuter, die unter den Teig gehoben werden.
- Käse, der hineingeraspelt wird.
- Einige Apfelstückchen oder Tiefkühl-Beeren machen aus den Pfannkuchen eine süße Mahlzeit, vor allem, wenn sie – fertig ausgebacken – mit etwas Zucker oder Honig gesüßt werden.
- Pfannkuchen vertragen sich aber auch mit Tomaten- oder Zucchinischeiben, die in der Pfanne kurz angedünstet werden, bevor sie mit Teig übergossen werden. Auch Maiskörner können gut untergemischt werden.

Grundrezept Omelett

6–8	**Eier**
½ TL	**Jodsalz**
	frisch gemahlener Pfeffer
4 TL	**Wasser**
2 EL	**Butter**

1. Eier mit Salz, Pfeffer und Wasser verrühren.
2. In 2 Portionen in einer beschichteten Pfanne bei kleiner Hitze backen, bis die Masse gestockt und die Oberfläche noch leicht cremig ist.
3. Das fertige Omelett im Backofen warmhalten.
4. Vor dem Servieren teilen und jede Portion füllen.

Füllungen für je 4 Portionen:

- 400 g Champignons in 2 EL Butter braten, bis die Flüssigkeit verdampft ist. Salzen, pfeffern und 3 EL saure Sahne unterrühren.
- 2 mittelgroße Zwiebeln fein hacken, in 1 EL Butter goldbraun braten, 5 EL Brotwürfel dazugeben und mitrösten.
- Je einen Bund Schnittlauch und Petersilie fein hacken. 2 kleine Zwiebeln würfeln, in 1 EL Butter glasig dünsten.
- 1 große Dose Mais abtropfen lassen und mit den Kräutern dazugeben.

▶ **Dazu passen** Pellkartoffeln und ein grüner Salat.

Variante
Kräuter-Omelett: Unter die Eimasse werden 2 EL gehackte Kräuter gerührt (Petersilie, Schnittlauch, Estragon, Kerbel), dann backen wie beschrieben.

Fisch

Manche Kinder kennen Fisch nur in Stäbchenform. Er schmeckt auch anders und lässt sich schnell oder auf Vorrat zubereiten.

Seelachs-Gemüsepfanne

1	Salatgurke
1	rote Paprikaschote
1	Zwiebel
1 EL	Öl
20 g	Vollkornmehl
½ l	Gemüsebrühe
4 EL	Crème fraîche
400 g	Seelachsfilet
½ TL	Jodsalz
	frisch gemahlener Pfeffer
1	Zitrone
1 Bund	Schnittlauch

1. Die Salatgurke schälen, halbieren, mit einem Löffel entkernen und in Streifen schneiden. Die Paprikaschote waschen, entkernen und würfeln, die Zwiebel schälen und fein würfeln. Alles in Öl 6 Minuten dünsten.
2. Vollkornmehl darüber stäuben, kurz anschwitzen lassen. Mit Gemüsebrühe ablöschen. Crème fraîche unterrühren und weitere 6 Minuten köcheln lassen.
3. Seelachsfilet waschen, grob würfeln und mit Salz, Pfeffer und Zitronensaft würzen. Zum Gemüse geben und zugedeckt noch einmal 6 Minuten garen.
4. Schnittlauch darüber schneiden.

Fischburger (10 Portionen)

Fischfrikadellen:

400 g	Seelachsfilet
2	altbackene Vollkornbrötchen
	Wasser zum Einweichen
1	Zwiebel
1 Bund	Dill
2	Eier
	Jodsalz, frisch gemahlener Pfeffer
3 EL	Weizenvollkornmehl zum Bestäuben
1 EL	Rapsöl zum Braten
10	Vollkornbrötchen

Soße:

200 g	Crème fraîche
1 EL	Essig
	Jodsalz, frisch gemahlener Pfeffer
	Zitronensaft
2 EL	gehackter Dill
	evtl. etwas Honig

Zum Garnieren:

Salatblätter, Tomaten, Gewürzgurken

1. Die 2 Vollkornbrötchen in Wasser einweichen und ausdrücken.
2. Den Fisch in Stücke schneiden und mit den Brötchen und den anderen Zutaten in der Küchenmaschine oder mit einem Pürierstab pürieren.
3. Mit bemehlten Händen 10 flache Frikadellen formen, in Mehl kurz wenden und im heißen Öl von jeder Seite 5 Minuten braten.
4. Für die Soße alle Zutaten miteinander glatt verrühren.
5. Für die Burger die frischen Vollkornbrötchen aufschneiden, beide Hälften mit der Soße bestreichen, mit Garnitur belegen, die Fischfrikadellen darauf legen und die Brötchen zuklappen.

Tipp

Übrig bleibende Frikadellen einfrieren.

Seelachsfilet mit Kräuterkruste

500 g	**Seelachsfilet**
2 Bund	**glatte Petersilie**
3	**Knoblauchzehen**
	abgeriebene Schale von 1 unbehandelten Zitrone
1 TL	**Kräutersalz**
1 TL	**frisch gemahlener Pfeffer**
2–4 EL	**Butter (und etwas Butter für die Form)**

1. Backofen auf 200 °C vorheizen.
2. Den Fisch säubern und trocknen.
3. Die Petersilie waschen, trocknen und fein hacken. Mit den Knoblauchzehen, der Zitronenschale, Kräutersalz und Zitronenpfeffer mischen.
4. Eine feuerfeste Form ausbuttern. Den Fisch hineinlegen und mit der Gewürzmischung bestreichen.
5. Die Butter zerlassen und darüber träufeln. 20 Minuten auf der mittleren Schiene des Backofens backen.

▶ **Dazu passen** Salzkartoffeln und grüner Salat.

Fleisch

Fleischgerichte können gut im Römertopf hergestellt werden. Das Fleisch gerät zart, saftig und sehr geschmackvoll.

Gemüsehähnchen im Römertopf

1	Hähnchen
1 TL	Jodsalz
	frisch gemahlener Pfeffer
	Gewürze nach Wahl, z. B. einige Zweige frischer Thymian
1 Bund	Petersilie oder 1 TL Trockenkräuter
125 ml	Gemüsebrühe
500 g	Gemüse nach Wahl (z. B. Fenchel, Paprika, Lauch, Bohnen, Pilze, Erbsen)
	evtl. ein Schuss Sahne

1. In den gewässerten Römertopf wird das von innen und außen gewürzte Hähnchen hineingegeben.
2. Gießen Sie die Brühe auf und umlegen Sie das Hähnchen mit Gemüse. Bohnen und Lauch geben einen herzhaften Geschmack. Pilze und Erbsen gestalten das Gericht mild.
3. Jetzt den Deckel schließen, den Topf in den kalten Backofen stellen, auf 200 °C heizen. Nach 2 Stunden ist das Gericht fertig.

Auf diese Weise wird das Huhn mehr gedünstet, die Haut kann hinterher abgezogen werden. Die Gemüse werden dazu serviert, oder püriert, abgeschmeckt und mit Sahne verfeinert. Das ergibt eine wunderbare Soße für Pellkartoffeln oder Vollkornreis.

Tipp

Wer es gern knackiger mag, verzichtet auf die Zugabe von Gemüse und lässt das Hähnchen die letzten 10 Minuten ohne Deckel braun werden. Dann gehört ein Salat dazu.

Lammfleisch aus dem Römertopf

750 g	**Fleisch von der Lammkeule**
	Honig
4 EL	**Öl**
½ TL	**Zimt**
2 TL	**Jodsalz**
	frisch gemahlener Pfeffer
½ l	**Gemüsebrühe**
1	**Zitrone**
3	**Gewürznelken**
	Minzeblätter

1. Das Fleisch wird dünn mit Honig bestrichen (geht am besten, wenn das Fleisch nicht eiskalt und der Honig flüssig ist).
2. Öl, Zimt, Salz und etwas Pfeffer verrühren. Fleisch darin ein bis zwei Tage im Kühlschrank ruhen lassen. Gelegentlich umdrehen.
3. Das Fleisch in der Gemüsebrühe, dem Zitronensaft und den Gewürznelken und einigen Minzeblättern in ca. 2 Stunden bei 200 °C im Römertopf gar köcheln.

▶ **Dazu passen** Polenta, Couscous, Reis und als Gemüse neben grünen Bohnen z. B. Fenchel mit Käse überbacken.

Hähnchenbrustfilets mit Möhrensoße

3	mittelgroße Möhren
1/8 l	Gemüsebrühe
75 ml	Sahne
1 TL	Speisestärke
½ TL	Jodsalz
	frisch gemahlener Pfeffer
4	Hähnchenbrüste
1 Päckchen	Kresse
1 EL	Öl

1. Die Möhren werden geschält, in Scheiben geschnitten und in Gemüsebrühe in ca. 20 Minuten gegart.
2. Mit dem Schneidstab pürieren oder durch ein Passiergerät drehen.
3. Sahne dazugeben, aufkochen lassen, mit Speisestärke binden und mit Salz und Pfeffer würzen.
4. Die Hähnchenbrüste salzen, pfeffern und in Öl von beiden Seiten in je 3 Minuten goldbraun braten. In der zugedeckten Pfanne 10 Minuten beiseite stellen und nachgaren lassen, sie sind dann genau richtig.
5. Das Fleisch zusammen mit der Soße anrichten, mit Kresse bestreuen.

▶ **Dazu passen** Nudeln und vorweg ein Salat.

Tipp

Die Möhrensoße kann auch ohne Fleisch zu Nudeln oder Kartoffeln serviert werden.

Desserts

Streng genommen kann man auf Nachspeisen verzichten. Aber wer möchte das schon? Kinder bestimmt nicht. Und die meisten Erwachsenen ebenfalls nicht. Deshalb finden Sie hier zum Abschluss ein paar schnelle, gesunde Desserts für alle, die das süße Leben lieben.

Hirse-Bananen-Kuchen

150 g	**Hirsemehl**
2	**mittelgroße Bananen**
100 g	**weiche Butter oder Margarine**
4	**Eier**
100 g	**Honig**
1 Prise	**gemahlener Ingwer**
1	**Zitrone**
1 TL	**Backpulver**

1. Backofen auf 200 °C vorheizen.
2. Butter oder Margarine mit dem Quirl schaumig rühren. Nach und nach Eier und Honig dazugeben, alles cremig rühren.
3. Die Zitrone auspressen. Die Bananen mit einer Gabel zerdrücken, etwas Zitronensaft darüber gießen und zu der Masse geben.
4. Mehl und Backpulver mischen und vorsichtig mit einem Schneebesen unter die Zutaten heben. Mit Ingwer würzen.
5. In einer gebutterten Kastenform 50 Minuten backen.

Rote Grütze

½ l	Apfelsaft
3 EL	Zucker
1 ½ EL	Speisestärke
1 Packung	gemischte TK-Beeren

1. Apfelsaft mit Zucker aufkochen.
2. Speisestärke mit etwas Wasser anrühren und untermischen. So lange rühren, bis die Masse klar ist.
3. Die Beeren unterrühren und kurz aufkochen lassen. Die Grütze wird sofort fest.

Tipp

Rote Grütze schmeckt mit Milch, Quark, geschlagener oder flüssiger Sahne.

Beerenquark

250 g	Quark
4 EL	Milch
3 EL	Honig
	Beeren nach Geschmack (Blaubeeren, Himbeeren, Brombeeren, Erdbeeren)

1. Quark mit Milch und Honig zu einer glatten Creme verrühren.
2. Auf Dessertteller geben und die Beeren darüber verteilen.

Bananencreme

4	Bananen
1 Becher	Schlagsahne
1 EL	Honig
	Saft von 1 Zitrone

1. Bananen mit dem Stabmixer pürieren.
2. Zitronensaft und Honig unterrühren.
3. Sahne steif schlagen und unterheben.

Bananenmilch

½ l	Milch
1 EL	Honig
1	Banane

Alle Zutaten zusammen in den Mixer geben und pürieren (evtl. auch mit dem Schneidstab des Handrührgeräts). Sofort servieren.

Variante
Anstelle der Banane können je 100 g andere Früchte verwendet werden. Gut geeignet sind Erdbeeren, Himbeeren oder gewürfelte Ananas.

Anhang

Obst à la Saison

Wann es was gibt

Januar	Äpfel, Birnen, Trockenobst
Februar	Äpfel, Birnen, Trockenobst
März	Äpfel, Birnen, Trockenobst
April	Äpfel, Rhabarber, Trockenobst
Mai	Erdbeeren, Kirschen, Süß-, Rhabarber, Stachelbeeren
Juni	Erdbeeren, Holunderblüten, Johannisbeeren, rot, schw., weiß, Kirschen, Sauer-, Süß-, Pflaumen, Rhabarber, Stachelbeeren
Juli	Birnen, Brombeeren, Erdbeeren, Heidelbeeren, Himbeeren, Holunderblüten, Johannisbeeren, rot, schw., weiß, Jostabeeren, Kirschen, Sauer-, Süß-, Mirabellen, Nektarinen, Pfirsiche, Pflaumen, Renekloden, Stachelbeeren, Walnüsse, Zwetschen
August	Äpfel, Birnen, Brombeeren, Erdbeeren, Haselnüsse, Heidelbeeren, Himbeeren, Holunderbeeren, Johannisbeeren, rot, schw., weiß, Jostabeeren, Kirschen, Sauer-, Mirabellen, Nektarinen, Pfirsiche, Pflaumen, Preiselbeeren, Nektarinen, Stachelbeeren, Vogelbeeren, Zwetschen
September	Äpfel, Birnen, Brombeeren, Erdbeeren, Esskastanien, Hagebutten, Haselnüsse, Heidelbeeren, Himbeeren, Holunderbeeren, Johannisbeeren, rot, schw., weiß, Mirabellen, Nektarinen, Pfirsiche, Pflaumen, Preiselbeeren, Quitten, Sanddornbeeren, Stachelbeeren, Vogelbeeren, Walnüsse, Trauben, Zwetschen
Oktober	Äpfel, Birnen, Brombeeren, Esskastanien, Hagebutten, Haselnüsse, Heidelbeeren, Himbeeren, Holunderbeeren, Johannisbeeren, rot, Mirabellen, Pflaumen, Preiselbeeren, Quitten, Sanddornbeeren, Schlehen, Vogelbeeren, Walnüsse, Trauben, Zwetschen
November	Äpfel, Birnen, Esskastanien, Hagebutten, Quitten, Sanddornbeeren, Schlehen, Walnüsse
Dezember	Äpfel, Birnen, Esskastanien, Sanddornbeeren, Schlehen, Walnüsse, Trockenobst

Gemüse à la Saison

Wann es was gibt

Januar
- Feldsalat
- Grünkohl
- Lauch
- Pastinaken
- Rosenkohl
- Rotkohl
- Sauerkraut
- Schwarzwurzeln
- Sellerie, Knollen-
- Sprossen
- Steckrübe
- Weißkohl
- Wirsing
- Wurzelpetersilie

Februar
- Feldsalat
- Grünkohl
- Lauch
- Löwenzahn
- Pastinaken
- Rosenkohl
- Rotkohl
- Sauerkraut
- Schwarzwurzeln
- Sellerie, Knollen-
- Sprossen
- Steckrübe
- Weißkohl
- Wirsing
- Wurzelpetersilie

März
- Brennessel
- Feldsalat
- Grünkohl
- Lauch
- Löwenzahn
- Pastinaken
- Sauerampfer
- Sauerkraut
- Sprossen
- Wurzelpetersilie

April
- Brennessel
- Löwenzahn
- Sauerampfer
- Sauerkraut
- Spargel
- Spinat
- Sprossen

Mai
- Brennessel
- Gartensalate
- Löwenzahn
- Mangold
- Radieschen
- Rettich
- Rübstiel
- Spargel
- Spinat
- Weiße Rübe
- Weißkohl
- Wirsing
- Zucchini
- Zwiebeln

Juni
- Blumenkohl
- Bohnen, dicke
- Bohnen, Garten-
- Brennessel
- Brokkoli
- Erbsen
- Gartensalate
- Kohlrabi
- Lauch
- Mangold
- Möhren
- Radieschen
- Rettich
- Rübstiel
- Spargel
- Spinat
- Weiße Rübe
- Weißkohl
- Wildpilze
- Wirsing
- Zucchini
- Zwiebeln

Juli
- Blumenkohl
- Bohnen, dicke
- Bohnen, Garten-
- Brokkoli
- Endivien
- Erbsen
- Gartensalate
- Gurken
- Kohlrabi
- Lauch
- Mangold
- Möhren
- Radieschen
- Rettich
- Rotkohl
- Sellerie, Stauden-
- Spinat
- Tomaten
- Wildpilze
- Zucchini
- Zwiebeln

August
- Blumenkohl
- Bohnen, dicke
- Bohnen, Garten-
- Brokkoli
- Endivien
- Erbsen
- Fenchel
- Gartensalate
- Gurken
- Kohlrabi
- Kürbis
- Lauch
- Mais
- Mangold
- Möhren
- Radieschen
- Rettich
- Rotkohl
- Sellerie, Stauden-
- Spinat
- Tomaten
- Wildpilze
- Zucchini
- Zwiebeln

September
- Blumenkohl
- Bohnen, Garten-
- Brokkoli
- Chinakohl
- Endivien
- Feldsalat
- Fenchel
- Gartensalate
- Gurken
- Kohlrabi
- Kürbis
- Lauch
- Mais
- Mangold
- Möhren
- Radieschen
- Rettich
- Rosenkohl
- Rote Bete
- Rotkohl
- Sellerie, Knollen-
- Sellerie, Stauden-
- Spinat
- Steckrübe
- Tomaten
- Weißkohl
- Wildpilze
- Wurzelpetersilie
- Zucchini
- Zwiebeln

Oktober
- Blumenkohl
- Brokkoli
- Chinakohl
- Endivien
- Feldsalat
- Fenchel
- Gartensalate
- Gurken
- Kohlrabi
- Kürbis
- Lauch
- Mais
- Möhren
- Pastinaken
- Radieschen
- Rettich
- Rosenkohl
- Rote Bete
- Rotkohl
- Rübstiel
- Schwarzwurzeln
- Sellerie, Knollen-
- Sellerie, Stauden-
- Spinat
- Steckrübe
- Tomaten
- Weiße Rübe
- Weißkohl
- Wildpilze
- Wirsing
- Wurzelpetersilie
- Zucchini
- Zwiebeln

November
- Blumenkohl
- Brokkoli
- Chinakohl
- Endivien
- Feldsalat
- Fenchel
- Kürbis
- Lauch
- Möhren
- Pastinaken
- Rosenkohl
- Rote Bete
- Rotkohl
- Rübstiel
- Schwarzwurzeln
- Sellerie, Knollen-
- Sprossen
- Steckrübe
- Weiße Rübe
- Weißkohl
- Wirsing
- Wurzelpetersilie

Dezember
- Feldsalat
- Grünkohl
- Pastinaken
- Rosenkohl
- Sauerkraut
- Schwarzwurzeln
- Sprossen
- Sellerie, Knollen-
- Steckrübe
- Weiße Rübe
- Weißkohl
- Wirsing
- Wurzelpetersilie

Die aid-Ernährungspyramide

Rezeptregister

Verbraucherzentralen

Verbraucherzentrale Bundesverband e.V.
Markgrafenstraße 66, 10969 Berlin
Tel.: 0 30/25 80 0-0
Fax: 0 30/25 80 0-518
www.vzbv.de

Verbraucherzentrale Baden-Württemberg e.V.
Paulinenstraße 47, 70178 Stuttgart
Tel.: 0 18 05/50 59 99
(0,14 €/min, Mobilfunkpreis maximal 0,42 €/min)
Fax: 07 11/66 91-50
www.verbraucherzentrale-bawue.de

Verbraucherzentrale Bayern e.V.
Mozartstraße 9, 80336 München
Tel.: 0 89/53 98 7-0
Fax: 0 89/53 75 53
www.verbraucherzentrale-bayern.de

Verbraucherzentrale Berlin e.V.
Hardenbergplatz 2, 10623 Berlin
Tel.: 0 30/21 48 5-0
Fax: 0 30/2 11 72 01
Termine Tel.: 0 30/2 14 85-260
www.verbraucherzentrale-berlin.de

Verbraucherzentrale Brandenburg e.V.
Templiner Straße 21, 14473 Potsdam
Tel.: 03 31/2 98 71-0
Fax: 03 31/2 98 71-77
www.vzb.de

Verbraucherzentrale Bremen e.V.
Altenweg 4, 28195 Bremen
Tel.: 04 21/1 60 77-7
Fax: 04 21/1 60 77-80
www.vz-hb.de

Verbraucherzentrale Hamburg e.V.
Kirchenallee 22, 20099 Hamburg
Tel.: 0 40/2 48 32-0
Fax: 0 40/2 48 32-290
www.vzhh.de

Verbraucherzentrale Hessen e.V.
Große Friedberger Straße 13–17,
60313 Frankfurt
Tel.: 0 69/97 20 10-0
Fax: 0 69/97 20 10-50
Faxabruf: 0 69/97 20 59 00
www.verbraucher.de

Neue Verbraucherzentrale Mecklenburg und Vorpommern e. V.
Strandstraße 98, 18001 Rostock
Tel.: 03 81/2 08 70 50
Fax: 03 81/2 08 70 30
www.nvzmv.de

Verbraucherzentrale Niedersachsen e.V.
Herrenstraße 14, 30159 Hannover 1
Tel.: 05 11/9 11 96-01
Fax: 05 11/9 11 96-10
www.vzniedersachsen.de

Verbraucherzentrale Nordrhein-Westfalen e.V.
Mintropstraße 27, 40215 Düsseldorf
Tel.: 02 11/38 09-0
Fax: 02 11/38 09-172
www.vz-nrw.de

Verbraucherzentrale Rheinland Pfalz e.V.
Seppel-Glückert-Passage 10
55116 Mainz
Tel.: 0 61 31/28 48-0
Fax: 0 61 31/28 48-66
www.vz-rlp.de

Verbraucherzentrale Saarland e.V.
Trierer Straße 22, 66111 Saarbrücken
Tel.: 06 81/5-88 09-0
Fax: 06 81/5-88 09-22
www.vz-saar.de

Verbraucherzentrale Sachsen e.V.
Brühl 34–38, 04109 Leipzig
Tel.: 03 41/69 62 90
Fax: 03 41/689 28 26
www.vzs.de

Verbraucherzentrale Sachsen-Anhalt e.V.
Steinbockgasse 1, 06108 Halle
Tel.: 03 45/298 03 29
Fax: 03 45/298 03 26
www.vzsa.de

Verbraucherzentrale Schleswig-Holstein e.V.
Andreas-Gayk-Straße 15, 24103 Kiel
Tel.: 04 31/5 90 99-0
Fax: 04 31/5 90 99-77
www.verbraucherzentrale-sh.de

Verbraucherzentrale Thüringen e.V.
Eugen-Richter-Straße 45, 99085 Erfurt
Tel.: 03 61/5 55 14-0
Fax: 03 61/5 55 14-40
www.vzth.de

Stiftung Warentest
Lützowplatz 11-13, 10785 Berlin
Tel.: 0 30/26 31-0
Fax: 0 30/26 31-27 27
www.stiftung-warentest.de

Die VERBRAUCHER INITIATIVE e.V.
Elsenstraße 106, 12435 Berlin
Tel: 0 30/53 60 73-3
Fax: 0 30/53 60 73-45
www.verbraucher.org

Impressum

Herausgeber

Verbraucherzentrale Nordrhein-Westfalen e. V.
Mintropstraße 27, 40215 Düsseldorf
Telefon: 02 11/38 09-555
Fax: 02 11/38 09-235
E-Mail: publikationen@vz-nrw.de
www.vz-nrw.de

Mitherausgeber

Verbraucherzentrale Bundesverband e. V.
Marktgrafenstraße 66, 10969 Berlin
Telefon: 0 30/ 2 58 00-0, Fax: 0 30/ 2 58 00-2 18
www.vzbv.de

Verbraucherzentrale Hamburg e. V.
Kirchenallee 22, 20099 Hamburg
Telefon: 0 40/2 48 32-0, Fax: 0 40/2 48 32-2 90
www.vzhh.de

Verbraucherzentrale Niedersachsen e. V.
Herrenstraße 14, 30159 Hannover
Telefon: 05 11/9 11 96-0, Fax: 05 11/9 11 96-10
www.vzniedersachsen.de

Text	Iris Schürmann-Mock, Armin Radünz
Fachliche Mitwirkung	Ursula Plitzko, Ursula Tenberge-Weber
Koordination	Ilse Mara Berzins
Lektorat	Dr. Mechthilde Vahsen, Düsseldorf
Layout und Produktion	Näscher und Näscher, Düsseldorf
Titelbild und Illustrationen	Wolf Erlbruch, Wuppertal
Druck	fgb - freiburger graphische betriebe, Freiburg gedruckt auf Recyclingpapier Recymago
Grafiken, Bildnachweis	aid e. V., Bonn (Seite 214) Helmut Winterfeld, Düsseldorf (Seite 112, 129, 136, 154, 182, 194, 204, 207) Istockphoto (Seite 104, 108, 111, 115, 124, 126, 132, 140, 143, 146, 150, 160, 163, 165, 171, 172, 175, 179, 186, 197, 198, 199, 201) Photodisc (Seite 96, 102, 134, 153, 167) Photo Alto (Seite 110, 148, 189, 208)

Redaktionsschluss: 1. März 2010